Das große Klein-Erna-Buch

**Zweihundertzweiunzwanzich
Hamburger Döntjes
von ´n echt plietschen Deern**

Gesammelt und aufgeschrieben
von Karl-Heinz Wellerdiek

Titel-Illustration: Birgit Lang - www.birgitlang.de
Layout & Satz: Jo Jacobs - www.ic-multimedia.de
Druck u. Einband: MF Print & Bindservice - www.mfprint.de
1. Auflage 2011

Dascha auch zu und zu schön, son Vorwort!

Liebe Leser!

Is das nich gediegen?! Sie gehört zu den Hamburger Originalen wie die Zitronenjette, der „Aalweber", oder „Hans Hummel": unser´ „Klein Erna", aber im Gegensatz zu den anderen original Hamburgern, deren Lebensweg wir nachzeichnen können, wissen wir wenig über die lütte Deern, deren Döntjes seit dem letzten Jahrhundert von Generation zu Generation weitererzählt werden.

Aber das schad´ auch nix, „Klein Erna" hat längst ihren festen Platz in den Herzen der Hamburger. Von Finkenwerder bis Bramfeld, von Blankenese bis Fuhlsbüttel und weit darüber hinaus! Es gab „Klein Erna"-Bücher, „Klein Erna"-Filme und „Klein Erna"-Schallplatten und irgendwo hab ich sogar „Klein Erna"-Schokoladenpuppen gesehen; und alle zeichneten das Bild einer plietschen, lütten Deern, für die das Leben so war, wie sie es sah, mit dem Herz am rechten Fleck. Und das ist ja durchaus eine sehr sympathische Hamburger Eigenschaft.

Seit ich in Hamburg lebe, und das sind nun bald über dreißig Jahre, sammle ich Hamburgensien, Witze und Anekdoten. Und die Döntjes über „Klein Erna" sind mir die liebsten! Darum habe ich mich ganz besonders gefreut, dass die Gäste des Hamburger Engelsaales mit so viel Enthusiasmus meinem Aufruf gefolgt sind, mir ihre Lieblingswitze des berühmtesten Hamburger Mädchens zu schicken. Viele Hundert Einsendungen förderten Altbekanntes in immer wieder neuen Variationen, aber auch erstaunlicherweise völlig Unbekanntes zu Tage. Aus den populärsten kleinen Geschichten ist dann dieses Buch in Missingsch entstanden. Dafür an alle Einsender noch einmal ein ganz herzliches Dankeschön. Und „Danke“ sage ich auch meiner Mitarbeiterin Janina Martens, die mit großer Akribie und viel Freude die Beiträge katalogisiert und redigiert hat.

Freuen Sie sich also auf zweihundertzweiunzwanzich Döntjes einer ganz plietschen Hamburger Deern. Und ich hoffe, Sie haben genauso viel Spaß beim Lesen, wie ich beim Sammeln.

Ihr Karl-Heinz Wellerdiek

Inhalt

Die Klassiker

Erdbeern

Ein Tach is Klein Erna in Schreebergaaten, steht an´n Zaun un kuckt nach´n Nachbaan rüber, der mit´ne Karre voll Pferdemist vorbeikommt. Da fracht sie: „Wat machst du damit, Onkel Kröger?" „Dat kommt auf die Erdbeern!" „Dascha gediegen", sacht Klein Erna, „wir tun da jümmers Schlachsahne auf!"

Bauchweh

Wie Klein Erna ma ganz förchterliche Bauchweh hat, sacht Mamma: „Wenn dat denn gor nich aufhört, denn gehst du zun Aazt!" Un wie dat nich aufhört, geht Klein Erna auch dahin.
Der Aazt sacht zu Klein Erna: „Dann zieh dich ma erstma aus!" Klein Erna tut dat auch. Der Aazt kuckt sie an: „Na, Klein Erna, du bischa ganz schön dreckich, hätts´ dich nich wenigstens´n büschen waschen können, bevor du zu mir kommst?" „Warum denn? Ich denk, ich bin inwendich krank!"

Der Essich

„Klein Erna, wo willst du hin?" „Zum Kräämer, Essich holn!" „Wat? In die dreckige Schöaze?" „Nee, inne Flasche!"

Vor'n Schokoladenladen

Klein Erna steht mit ihre Freundin vor'n Schokoladenladen. Klein Erna sacht: „Wenn die Schokoladenpuppen zehn Pfennig kosten, kauf ich mich eine, ich frach ma!" Sie geht rein un sacht: „Wat kosten die klein Schokoladenpuppen?" Sacht die Tante: „Zehn Pfennig, mein Kind!" „Dann geben Sie mich man eine", sacht Klein Erna. „Scha, möchst du wohl'n klein Schokoladenschung, oder'n Mädchen?" „Ach, denn geben Sie mich man ein Schung, da ist mehr an!"

In Schule

Klein Erna ihre Lehrerin hat ins Verkehrsheft geschrieben: „Werte Frau Puvogel! Klein Erna riecht jümmers so streng, und ich bitte Sie, Klein Erna regelmäßig zu waschen!" Nächsten Tach steht dann als Antwort drunter: „Wertes Frollein! Klein Erna is keine Rose, Sie solln ihr nich riechen, Sie solln ihr wat lernen!"

Wie praktisch!

Klein Erna spielt mit´n klein Schung vore Tur aufe Straße. Wie der nu ma muss un einfach an Baum geht, um zu püschern, kuckt Klein Erna interessiert zu un sacht dann: „Oh, wie praktisch!"

Dat Wrack

Liecht Klein Erna mit Mamma un Klein Bubi an´ Nordseestrand. Da kommt´ne alte Dame un fracht: „Sach ma, mien Deern, werden hier viele Wracks angeschwemmt?" „Nee", sacht Klein Erna, „Sie sin dat erste!"

Dat daaf dat

Wie Klein Erna ma mit Mamma in´n Stadtpark is, is da´n lütten Deern, dat spielt jümmers mit Matsch. Da sacht Klein Erna zu Mamma: „Daaf dat dat?" Da sacht Mamma: „Dat daaf dat!" Nach´ne Zeit sacht Klein Erna: „Dat dat dat daaf!"

Dat Fahrrad

Heini kommt ma die Hamburger Straße runtergeradelt. Da trifft er Hannes, un der sacht: „Mensch, Heini, wo hast du denn dat nagelneue Damenrad her?" „Och", sacht Heini, „ich war eben mit meine Freundin Klein Erna´n büschen in Grünen, un wie wir so in Gras rumliegen, da sacht sie mit´n ma: ‚Heini, nu kannst du alles von mir haben, wat du willst!´ „Prima", hab ich da gesacht, „dann nehm ich dein Fahrrad."

´N Dackel

Ein Tach sieht Klein Erna auf Straße´ne Tante mit´n klein braunen Dackel auf´n Arm. „Oh", sacht Klein Erna, „wie nüdlich, genau so ein haben wir zu Hause, bloß in schwaaz - und denn is es´ne Katze!"

Nu is Schluss mit die Pietät

Onkel Fiete ischa nu tot geblieben, un Tante Paula, Mamma un Klein Erna bringen die Urne von Krematorium nach Ohlsdorf. Ischa aber ganz fürchterlich Glatteis! Andauernd rutscht Tante Paula aus, un wie sie nu dat dritte Mal fast hinfällt, macht sie die Urne auf un sacht ganz fünsch zu Klein Erna: „Nu is Schluss mit die Pietät, nu wird gestreut!"

Kovia

Klein Erna is ma in´n ganz feinen Lokal un kuckt sich die Speisekaate an. Dann ruft sie den Ober un sacht: „Sagn Sie ma, wat is dat denn, Kovia?" „Oh, gnädiges Frollein, das ist etwas sehr Köstliches!" „Nee, ich mein´, wat dat is?!" „Ah so! Das sind die Eier vom Stör!" „Dascha gediegen, un dat soll gut sein?" „Oh ja, gnädiges Frollein – eine Delikatesse!" „Na, wenn Sie meinen, dann bring´n Sie mir man zwei, aber bitte haart gekocht!"

Elegante Toiletten

Klein Erna is ma zu'n großen Ball in'n Hotel Atlantic. Bei'n Tanzen mit son schicken Kavalier sacht der: „Elegante Toiletten hier, nicht wahr, mein Fräulein?" „Ach", sacht Klein Erna, „da bin ich noch gor nich drauf gewesen!"

Mit'n Springtau

Maata hüpft auf'n Schulhof mit'n Springtau. Sacht Klein Erna: „Lass mir ma springen!" Dat hört die Lehrerin un verbessert: „Nein, lass mich mal!" „Tschä", sacht Klein Erna, „dann lass ihr ma!"

In Hagenbecks Tierpark

Mamma un Klein Erna sind in Eisbärgehege bei Hagenbecks Tierpark. Sacht Mamma zu Klein Erna: „Klein Erna, geh nich so nah ran an die Eisbären, bist sowieso schon so erkältet!"

Klein Erna as'n lütten Deern

Anne Nordsee

Klein Erna ischa'n büschen schwach auf die Brust, un da kommt sie denn von die Kasse'n büschen an die Nordsee, vonwegen die Luftveränderung. Un damit sie denn nich so allein is, komm' Mamma un Klein Bubi auch mit hin. Un wie sie da nu an Strand sitzen, ischa's so furchbar waam, Mamma is schon ganz rammdösich von die Hitze, da sacht sie denn zu die Göhrn: „Mamma geht nu in Wasser, ihr könnt scha solang'n büschen waaten! Aber schön vorsichtich, Klein Erna, halt Klein Bubi jümmers schön fest anne Hand, un lass ihn nich los!" Un Mamma geht denn ein bei ein in Wasser, un Klein Erna un Klein Bubi waaten. Un wie Mamma nu schon bis an Bauch drinne is, dreht sie sich noch ma um un sieht Klein Erna mit Klein Bubi an Hand in Wasser spatteln. Un später, as Mamma sich wedder umdreht, da sieht sie man bloß noch Klein Erna aus'n Wasser rauskucken! Da schreit Mamma: „Klein Erna, Klein Erna, wo is denn Klein Bubi?" Sacht Klein Erna: „Anne Hand!"

Ein Pfund Mottenkugeln

Klein Erna kommt inne Drogerie un sacht:
„Möcht gern ein Pfund Mottenkugeln." Nach
ne Stunde kommt sie wedder un sacht: „Bitte
noch´n Pfund Mottenkugeln." Wie sie nach´ne
Zeit noch ma Mottenkugeln ham will, fracht
die Verkäuferin: „Wat in aller Welt machs´ du
mit sonne Masse Mottenkugeln?" Sacht Klein
Erna: „Mein Sie denn, dass ich mit schede Ku-
gel son Biest treff´?"

Die Kumme

Ruft Mamma außen Fenster: „Klein Erna,
Klein Erna! Komm rauf, Füße waschen, Mamma braucht die Kumme gleich zu Salat!"

Drei Meere

Klein Erna & Ihr Heini mach einen kleinen
sonntagnachmittag Spaziergang und kommen
am Michel vorbei.
Sacht Heini zu klein Erna „Soll´n wir da rauf?"
„Nee!" Sacht klein Erna „Zuviele Stufen"
„Da kannste aber 3 Meere seh´n"
„Wie denn das?" „Tja, tagsüber das Häuser-
meer, abends das Lichtermeer und bei Nebel
gor nix mehr.

Baden

Wie Klein Erna noch ganz klein is, isse scha auch ma wedder bei ihre Tante Helga in Wandsbek. Ein Tach issas nu so heiß, un da geht sie einfach ohne zu fragen mit de annern Kinners an Bach zun Baden, un wie sie wedder zu Hause kommt, hat sie ganz nasse Haare. Da fracht Tante Helga: „Wo warst du denn, Klein Erna?" „An Bach!" „Un?" „Baden!" „Allein?" „Nee, mit annere!" „Auch mit Schungs?" „Weiß nich!" „Kann man doch sehn!" „Nee, wa'n scha alle nackich!"

Klein Bubi in' Keller

Mamma un Pappa un Klein Erna un Klein Bubi sitzen inne Küche bein Abendbrot. Pappa will nu gern ne Flasche Bier trinken un sacht: „Klein Erna, geh'ma in'Keller un hol Pappa'ne Flasche Bier, nimm Klein Bubi man mit, der soll auch ma'n büschen an die frische Luft kommen!"

Klein Erna geht denn auch mit Klein Bubi in Keller, un damit er da unten nix kaputt macht, setzt sie ihn solang auf die Fensterbank.

Un in die nächste Woche, als Pappa ma wedder ne Flasche Bier trinken will, da sacht er denn wedder zu Klein Erna: „Klein Erna, hol Pappa

ma´ne Flasche Bier un nimm Klein Bubi mit!
Aber sach ma, wo is denn Klein Bubi?" Sacht
Klein Erna: „Ach, der sitzt sicher jümmers
noch in Keller!"

Tante Meier

Klein Erna kommt scha nu zur Erholung zu
Tante Paula nach Bramfeld. Un wie sie ma auf
Toilette muss, da geht sie denn zu Tante Paula
un sacht: „Tante Paula, wo kann ich hier wohl
ma, ich muss nämlich ma auf Toledde?"

„Scha, mien Deern, denn komm man ma mit
raus. Siehst du da in Hof´n kleines Haus mit´n
Herz in die Tür? Dat is Tante Meier, da geh
man hin!" Un wie Klein Erna denn auf´n Loch
für Kinners sitzt, da kommen jümmers lauter
Brummers un setzen sich überall hin, wo Klein
Erna dat gor nich mag! Un wie sie denn fertig
is, da geht sie zu Tante Paula un sacht: „Du,
ischa alles ganz schön hier bei dir, aber auf Toledde, da sind jümmers so viele Brummers, un
die setzen sich überall hin, wo ich dat gor nich
mag!"

Da sacht Tante Paula: „Ach, Klein Erna, muscha auch nich schetz hingehn, musst mittags
zwischen zwölf un zwei, dann sind die Brummers alle in Küche!"

Fassadenkletterer

Mamma un Klein Erna sin einkaufen un treffen Frau Mackeprang aufe Straße, die sacht aufgeregt: „Ham Sie schon gehört, Frau Puvogel? In Hamburch treibt ein Fassadenkletterer sein Unwesen. Der steigt überall ein." Sacht Klein Erna: „Mamma, da müssen wir schnell nach Hause, sonst bricht der noch bei uns ein." „So´n Quatsch", sacht Mamma, „wir wohnen doch Parterre."

Pflaumenkuchen

Klein Erna hat ma auf´n Kaffeklatsch zu viel Pflaumenkuchen gegessen, un wie sie nu mit Mamma auf´n Nachhauseweg is, da rumort dat so bannich bei Klein Erna in Bauch. Klein Erna wird ganz blass un sacht plötzlich: „Du, Mamma, ich glaub, ich muss brechen!" Da sacht Mamma: „Nee, nich jetzt, Klein Erna, waate man, bis wir zu Hause sind!"

Inne Straßenbahn

Mamma fährt mit Klein Erna un Klein Bubi inne Straßenbahn, un weil da die Scheiben so beschlagen sind un Klein Erna doch gerne durchgucken will, leckt sie da jümmers an. Wie Mamma dat sieht, sacht sie: „Klein Erna, muscha nich an Scheibe lecken, lass dat doch den Schaffner machen!"

'Ne Katze

Klein Erna spielt ma mit'ne Katze. „Pfui, Klein Erna", schreit Mamma aus'n Fenster: „Muscha die Katze nich an Schwanz ziehn!" Schreit Klein Erna zurück: „Tu ich scha auch gaa nich. Die Katze zieht jümmers, ich halt ihr bloß fest!"

In Museum

Mamma geht ma mit Klein Erna in Museum. Wie sie nu in die Abteilung Säugetiere kommen, steht da auch ein menschliches Skelett. „Oh, Mamma, kuck ma", ruft Klein Erna, „was das denn für'n komisches Tier?" „Dat gor kein Tier", sacht Mamma, „dat is dat, wat von'n toten Mensch nachbleibt." „Och nee", sacht Klein Erna, „kommt denn bloß der Speck in Himmel?"

Inne Schule

Inne Schule sacht der Deutsch-Lehrer: „Wer kann mir einen Satz mit ‚einfältig' sagen?" Nach´ne Zeit meldet sich Klein Erna un sacht: „Ich weiß ein: Du hast zwei Tropfen an die Nase, ein fällt dich gleich runter!"

Dat Gedicht

In Schule sacht ma die Lehrerin: „Wer kann ein schönes Gedicht aufsagen?" „Ich weiß eins", sacht Klein Erna:

„Ein Fischer saß am Elbestrand

und hielt ne Angel in der Hand.

Er möchte fangen einen Barsch,

dat Wasser ging ihm bis zum Knie."

„Dat reimt sich scha gor nich", sacht die Lehrerin. „Doch!", sacht Klein Erna, „warten Sie ma, bis Flut is, denn reimt sich dat!"

Der Woam

Klein Erna spielt inne Anlagen. Plötzlich kommt sie zu Mamma, macht ihre Hand auf un sacht: „Oh, Mamma, kuck ma, ein Wuam!" „Igitt", sacht Mamma, „schmeiß weg! Dat heißt aber nich Woam, dat heißt Wurm!!"

Nach'ne Zeit kommt Klein Erna wedder angelaufen un sacht: „Oh, Mamma, seh ma, noch'n Woam!" „Dummes Göhr", sacht Mamma, „warum sachst du denn nich Wurm?" „Da bin ich zu müde zu!"

Nach Blankenese

An ein´ schön waamen Sonntach fahrn Mamma, Klein Erna un Klein Bubi mit´n Dampfer nach Blankenese zun Baden. Un wie sie denn in Blankenese ankommen, da sacht Mamma zu Klein Erna: „Klein Erna, wo is denn Klein Bubi?" „Der is schon bei Neumühlen in Wasser gefallen!" „Dummes Göhr, muscha gleich sag´n!"

Fünf Kinder

Wie Klein Ernas Mamma ma so in Gespräch mit Frau Mackeprang is, fracht die mit'n ma: „Wieviel Kinder haben Sie eigentlich?" „Fünf: Heini is Bierkutscher, Frieda geht nache Fabrik, Paula is in Dienst, un denn Klein Bubi!" „Dat sind doch bloß vier!" „Nee, fünf hab ich doch! Heini is Bierkutscher, Frieda geht nache Fabrik, Paula is in Dienst un denn Klein Bubi!" „Aber dat sind doch jümmers bloß vier!!" „Aber ich hab doch fünf! Heini is Bierkutscher, Frieda geht nache Fabrik, Paula is in Dienst, Klein Bubi ... un ach scha, - Klein Erna, die ischa schon seit vier Wochen in Krankenhaus, muscha direkt ma nach ihr kucken!"

Onkel Emils Ziege

Mamma hat scha nu von Onkel Emil ne Ziege geerbt. Un wie sie die mit Klein Erna abholt un inne Wohnung bringt, ruft Frau Mackeprang von nebenan: „Na, Klein Erna, wo wollt ihr denn mit die Ziege hin?" „Och, erst ma mit zu uns inne Schlafstube!" „Wat, mit inne Schlafstube, bei den Gestank?" „Och, da wird sich dat Tier eben an gewöhnen müssen!"

Bei'n Schlachter

Klein Erna is neulich bei Schlachter Reimers´ Frieda zum Spielen. Abends kommt Mamma sie abholen und fracht Frau Reimers: „Na, war Klein Erna auch aatig, wo is sie denn?" „Jümmers", sacht Frau Reimers, „die sitzt unter die Theke un spielt mit Hack!"

Dat Feuerwerk

Mamma geht mit Klein Erna nach´n Hafen zu´n Feuerwerk. Besonders gern mach sie die roten Kugeln. Wie man ‚ne Zeitlang nur grüne kommen, sacht sie zu Mamma: „Och, Mamma, noch ma rote!" „Kann ich doch nix für!" „Och, man los, Mamma, noch ma rote!" „Aber Erna, dat macht doch der Mann auf die Schute!" Wie Klein Erna aber jümmers noch ma nach rote quakt, sacht Mamma: „Dummes Göhr, wennu weiter jauls, krist´n Bax un komms nich wedder mit ins Gedränge!"

Kamele

Klein Erna is mit Pappa am Sonntachnachmittach bei Hagenbeck. Wie sie bei die Kamele sind, fracht Klein Erna: „Du, Pappa, heiraten Kamele auch?" Sacht Pappa: „Nua Kamele heiraten!"

Dat Hörrohr

Klein Erna geht mit Oma scheden Sonntag-
morgen in Kirche. Bloß mit Omas Gehör is
dascha nich mehr so. Wie sie nu ein Sonntach
mit´n nagelneuen Hörrohr ankommt, sieht dat
der Kirchendiener un sacht: „Dat will ich Ihnen sagen, gute Frau, ein Tut, un Sie fliegen
raus!"

Zu Besuch

Klein Erna war ma wedder bei Tante Paula
und Onkel Hinnack in Bramfeld zu Besuch, un
nachts muss sie denn mit zu Onkel Hinnack
in Schlafstube. Aber sie kricht scha kein Auge
zu, weil Onkel Hinnack so schnarcht. Mit´n
ma fällt ihr ein, dass sie ma gehört hat, dass
man flöten muss, wenn einer schnarcht, denn
hört er sofort auf. Klein Erna flötet also. Onkel
Hinnack is auch gleich still, aber nach ne Zeit
fängt er wedder an zu sägen. Da flötet Klein
Erna wedder. Onkel Hinnack hört wedder
auf. So machen sie dat denn die ganze Nacht,
un wie Onkel Hinnack morgens wedder auf-
wacht, sacht Klein Erna: „Onkel Hinnack, du
schnarchst scha ganz furchtbar in Schlaf!" Da
sacht Onkel Hinnack: „Dascha gor nix, Klein
Erna, du flötest jümmers in Schlaf!"

Klein Erna in Schule

Klein Erna muscha nu auch in Schule, aber sie passt nich auf, lernt kaum wat un taugt scha überhaupt gor nix. Da sacht Mamma ein Tach zu die Lehrerin: „Ach, Frollein, Sie müssen scha'n büschen Nachsicht üben, sie ischa man so'n klein Nachkömmling, da waren die Zutaten denn nich mehr so!"

In Unterricht

Fracht die Lehrerin: „Weiß jemand, wann Karl der Große geboren ist?" Da meldet sich Klein Erna un sacht: „Darf ich ma hinaus?" „Nein", sacht die Lehrerin, „nimm dich mal'n büsschen zusammen!"

Nach'ne Zeit meldet sich wedder bloß Klein Erna. „Na, Klein Erna", sacht die Lehrerin, „weißt du nun, wann Karl der Große geboren ist?" „Nee", sacht Klein Erna, „aber darf ich jetzt ma raus?" „Nee", sacht die Lehrerin, „warte man bis zur Pause. Na, weiß denn jemand, wann Karl der Große gestorben ist?"

Da meldet sich Klein Ernas Nachbarin Hilde un sacht: „Frollein, nu is Klein Erna hier drinnen schon draußen gewesen!"

Spezialisten

Bei'n Kaffeklatsch sacht Mamma Puvogel zu Frau Mackeprang: „Wat mein Mann is, der sacht jümmers, wenn die Kinder ma wat haben, soll ich man jümmers gleich zu'n Spezialisten gehn. Klein Erna mit ihrn ewigen Ohrenreißen ischa regelmäßig bein Ohrtopeden. Un wat Heini is, der hat scha leicht ma'n Furunkel in Genick, der geht dann jümmers gleich nach'n Genickologen. Un gestern is Klein Bubi bei'n Rodeln gefallen, der muscha heute nach'n Arschäologen!"

Daumlutschen

Klein Erna lutscht bei schede Gelegenheit ihrn Daumen! Sacht Mamma: „Klein Erna, wenn du nich aufhörst mit dat Gelutsche, wirst du so dick wie Tante Hertha!"

Ein Tach sitzt ihr in Straßenbahn'ne Frau gegenüber, die wat Kleines erwartet, un Klein Erna grinst ihr jümmers so unverschämt an. Da sacht denn die Tante: „Na, mien Deern, wat lachst du mich denn so an?" „Tschä", sacht Klein Erna, „ich weiß man, wat du gemacht hast!"

Otto

Bei Familie Reimers war scha ma wedder'n freudiges Ereignis: ein Schunge! Mamma kommt mit Klein Erna denn auch mit'n Kruutpott zun Gratulieren. Wie sie sich den Lütten bekuckt, da fracht Mamma denn Frau Reimers: „Na, wie soll der Lütte denn heißen?" „Ach, wir dachten diesmal: Otto." „So, warum denn gerade Otto? Finden Sie den Namen denn soo schön?" „Scha, dat find ich. Kurz ab, un doch!"

Inne Kirche

Neulich wa Klein Erna scha ma bei ihre katolische Tante Frieda. Ein Sonntach geht sie ma mit inne katolsche Kirche, un wie sie da nu schon ganz lange knien un Tante Frieda jümmers nich aufhört zu beten, da sacht Klein Erna, die grad vorn ewigen roten Licht sitzt: „Tante Frieda, wenn nu grün kommt, gehn wir doch, nich?"

Aufn Bahnhof

Auf'n Bahnsteig steht Mamma mit Klein Erna. Zug is noch ganich da. Klein Erna wird langsam zappelich un sacht: „Mamma, muss ma!" Sie gehn den ganzen Bahnsteig zurück Richtung „Frauen". Klein Erna steckt'n Groschen in den Türschlitz un sacht: „Macht Spaß!", wie die Tür aufklickt. Sacht Mamma: „Mach zu, Klein Erna, ham nur noch zehn Minuten!" Nach'ne Zeit will Mamma nachsehen und die Tür aufmachen, kömmt die Klofrau un sacht: „Kost schedes ma'n Groschen!" Drauf ruft Mamma: „Klein Erna, färtich?" Klein Erna kömmt aus die Tür un sacht: „Kömmt nix!"

Also gehn sie den ganzen Bahnsteig zurück, bis Klein Erna sacht: „Nu aber, Mamma!" Sie gehn wedder zurück in Richtung „Frauen". Groschen rein - Klick - Mamma steckt'n Fuß zwischen die Tür, waatet, fracht dann: „Klein Erna, färtich?" „Kommt nix!" „Runter da, Zuch fährt gleich!"

Sie gehn wedder auf'n Bahnsteig, kaum stehn sie, sacht Klein Erna mit weinerlicher Stimme: „Nu aber ganz bestimmt, Mamma, sons gehtas inne Hose!" Nu gehts im Trapp zurück: Groschen rein - Klick - Tür auf, Klein Erna rein, Fuß zwischen Tür, waaten! Nach'n Augenblick kuckt Mamma rein, Klein Erna sitzt un

sacht: „Kömmt nix!" „Wedder nix? Nu aber fix
runter da, dummes Göhr!" Un die Klofrau, die
dat Ganze mit angesehen hat, sacht zu Mamma
mit mitleidiger Stimme: „Können denn nich
wenigstens Sie?"

Bangbüx

Klein Erna ihre Lehrerin fracht in Schule:
„Kannst du mir´ne Geschichte erzählen, wo
‚Helden´ drin vorkommen?" „Nee", sacht
Klein Erna, „von Helden weiß ich nix, nur von
Gegenteil!" „Na, denn erzähl ma!" Klein Erna
erzählt: „Dat is nämlich´ne Geschichte von un-
sern Nachbar!" Sacht die Lehrerin: „So? Was
ist denn mit dem?" „Ach, der is scha son Bang-
büx!" „Und woher weißt du dat?" „Tscha, dat
weiß scha scheder inne Straße, der mach un
mach nich allein sein in seine Wohnung, besonders abens nich. Denn muss Mamma imma
zu ihn rüba!"

Wissbegierig

Wie Klein Erna so acht Schahre alt is, da geht sie mit Mamma an Hand anne Alster spazieren, un wie sie inne Gegend von die Lombardsbrücke kommen, fracht Klein Erna: „Mamma? Wat dat für´ne Brücke?" „Weiß nich, mien Deern, eine über die Alster!" „Un wo ist der Hauptbahnhof?" „Da längs!", zeigt Mamma inne falsche Richtung. „Da komm wir doch grad her, dat is doch Dammtor!" „Ach so, kann sein, weiß nich so genau!" „Wat dat da für´n Toam?" „Weiß nich, Klein Erna!" „Un wo geht dat da längs?" „Kann ich nich sagen, in die Gegend kenn ich mich nich so aus!" „Mamma? Macht dich dat auch nich nervös, wenn ich jümmers zu fragen tu?" „Iwo, Klein Erna, musst jümmers schön fragen, wenn du wat nich weißt, wie sollst du wohl sons schemals in dein Leben wat lernen!"

Gewaschene Hände

Klein Erna kommt mit ganz schwaaze Hände von Spielen un soll sich vorn Essen ersma tüchtig die Hände waschen. Wie sie sich gerade mit ihre matschigen Seifenhänden über´n Handtuch hermachen will, fracht Mamma ganz fünsch: „Dat solln gewaschene Hände sein?" Da sacht Klein Erna ganz empört: „Waate doch, bis ich sie abgetrocknet hab!"

Vogelkunde

Klein Erna is in Schule in Biologie-Unterricht. Sacht der Lehrer: „Kommen wir heute, nachdem wir letztes Mal die Singvögel durchgenommen haben, zum Storch! Kann mir einer von euch schon etwas über diesen Vogel erzählen?" Meldet sich Klein Erna: „Scha, Herr Lehrer, ich könnte schon, aber dat is kein Thema für de sechste Klasse."

Geschichtsstunde

Fracht der Lehrer: „Wer kann mir denn was von den alten Germanen erzählen?" Sacht Klein Erna: „Tscha, von die alten Germahn kann ich nur Gutes erzähln!" „Wie sahen sie aus?" Sacht Klein Erna: „Büschen alt." „Un nu kommen wir zu den Wenden, wat kannst du mir darüber sagen?"Antwortet Klein Erna: „Herr Lehrer, von den alten Wänden bröselt jümmers der Putz runter, aber von den Römern weiß ich mehr!" „Nun?" „Die Römer sind meistens blau un angeritzt un stehn bei uns inne gute Stube auf'n Wertiko!"

Gor nich so schlecht

Klein Bubi ischa´n fürchterlichen Bettnässer! Scheden un scheden Morgen liegt er in Nassen! Mamma weiß gor nich mehr, wat sie tun soll! Hauen hilft auch nix. Da denkt sie: musst ihn ma orntlich Angs einschagen un sacht: „Nu hör ma, Klein Bubi, wenn du dich nochma nass machs, gehn wir zun Aazt un lassn dir dat abschneiden!"

Klein Bubi kriegt´n furchtban Schreck un lässt dat auch wirklich´n paar Tage nach! Wie nu aber an ein Morgen wedder alles nass is, sacht Mamma ganz böse: „So, Klein Bubi, schetz is Schluss, schetz gehen wir zun Aazt!" Aber Bubi is ganz vergnüicht, gor nich´n büschen ängstlich! Da fracht Mamma: „Na Klein Bubi, has ga kein Angs?" „Nee", sacht er, „ich hab dat neulich bei Klein Erna gesehn. Wenn dat gut gemacht wird, sieht dat gor nich so schlecht aus!"

Handstand

Klein Erna spielt schetz jümmers inne Anlagen aufn Kinnerspielplatz. Da dörfen sie sogaa aufn Rasen. Klein Bubi un Klein Erna machen da jümmers Handstand auf! Wie Mamma dat sieht, ruft sie Klein Erna zu sich un sacht: „Kannst du doch nich machen, wie sieht dat aus! Sieht man doch dein weiße Hoose! Wat solln denn die Leute denken!
Nächsten Tach kommt Klein Erna von Spieln nachhaus. Fracht Mamma: „Na, hast fein gespielt?" Sacht Klein Erna: „Schaa, hab wedder Handstand geüpt, kann schon ganz lange!" Sacht Mamma: „Solls du doch nich! Sieht man doch dein weiße Hoose!" Sacht Klein Erna: „Nee, tut man nich. Hab ich doch gor nich ers angezogn!"

Nach Helgoland

Puvogels fahrn mit die „Wappen von Hamburg" nach Helgoland. Ischa´n ganz furchtbaren Stoam, un dat Schiff schaukelt un stampft ganz bannich. Zuerst macht dat Klein Erna scha fix Spaß, aber allmählich wird ihr so merkwürdig zu Mute. „Klein Erna, bischa ganz blass", sacht Mamma, „musst ma´n büschen wat essen." „Och", sacht Klein Erna, „lohnt nich, oder wenn, dann nur wat ganz Billiges!"

Fall auf Fall

Klein Erna ischa probeweise auf Oberschule, un da fracht der Lehrer inne Lateinstunde nach den verschiedenen Fällen, wie die auf Deutsch heißen tun. „Und nu, Kinners, wie heißt denn der Nominativ auf Deutsch, na, Paula?" „Der Wer-Fall!" „Richtig", sacht der Lehrer, „Und der Dativ, na Bertha?" „Der Wem-Fall!" „Gut, und der Ablativ? Wer weiß dat? Na, Klein Erna?" „Der Durchfall!"

Bickbean!

Klein Erna is mit Mamma in Schwarzenbek. Da is es so schwaaz, weil da so viel Bickbean wachsen. Klein Erna setzt sich mittenmang un isst. Mittenma sacht sie: „Mamma, ham Bickbean Beine?" Sacht Mamma: „Nee!" „Ham Bickbean bestimmt keine Beine?" „Hörscha, die ham keine, wat hastu denn?" Heult Klein Erna: „Wenn Bickbean ganz bestimmt gor keine Beine ham, dann hab ich eben ein´ Käfer gegessen!"

Dösige Fragens

Wie Klein Erna so sechs Schahre alt is, da fraacht sie ihre Mamma'n ganzen Tag'n Loch in'n Bauch! Mamma is schon ganz dösbaddelich davon, besonders, wenn andere Leute dabei sind. Wie sie nu neulich mit Klein Erna unterwegs is, un Klein Erna jümmers wedder dösiges Zeug fracht, sacht Mamma: „Hier Klein Erna, hast'nen Groschen, schetz hältst du aber die nächste Stunde den Mund!"

Geht scha ne Zeitlang ganz gut! Wie sie aber inne Straßenbahn sind, sitzt ihnen gegenüber sonne Tante mit'n orntlich tiefen Dekoltee! Da hält Klein Erna dat nich länger aus un sacht: „Hier Mamma, hier hast du dein Groschen zurück, aber nu sach bloß: wie kommt der Popo in die Bluse?"

Klein Erna in Schule

Fracht der Lehrer: „Warum hat der liebe Gott den Menschen am letzten Tag erschaffen?" Sacht Klein Erna: „Weil er nich zukuckn sollt, wie man schöpft!"

Heringe

Wie Mamma ma in Fischladen Bücklinge holt,
sacht die Fischfrau: „Wat ich Sie noch sagen
wollt, Frau Puvogel, wat Ihre Klein Erna is,
die spuckt scha schedesmal, wenn sie kommt,
inne Heringstonne! Ich mein, schad scha nix,
aber wat soll dat?"

Unscheniert

Nich nur, dass Klein Erna jümmers wat fracht,
sie macht auch ganz unscheniert laute Bemer-
kungen über Leute, so wie „kuck ma die da,
die is aber dick" oder „warum hat die sonne
O-Beine?" Mamma is dat jümmers ganz pein-
lich, un schedesmal, wenn sie in die Straßenbahn steigen, sacht Mamma zu Klein Erna:
„Dass du mir nich jümmers wat über die Leute
sachst, hörst du?" In der Bahn kuckt sich Klein
Erna wedder alles, wat um sie rumsitzt, genau
an, dann sacht sie: „Du Mamma, über die Tante mit die dicken Beinen, un den Onkel mit die
Glatze un die Schnapsnase sprechen wir zu
Hause über, nich?"

Fantasie

Wie Klein Erna ma mit 40° Fieber krank in Bett liegt, kommt Frau Mackeprang von nebenan un besucht ihr: „Na, wie geht´s denn, Klein Erna?" fracht sie Mamma. „Hat hohes Fieber." „Hat sie heut Nacht fantasiert?" „Scha", sacht Mamma, „aba nur ganz dünn inne Büx!"

Golf

Klein Erna geht mit Mamma un Pappa an´n Golfplatz vorbei. Da sehn sie Leute, die mit son komischen Schläger jümmers´n Ball in´n Loch trudeln. Da fracht Klein Erna: „Pappa? Wat machen die Leute da mit den klein Ball?",,Dat weißtu nich, Klein Erna? Dat is dat, wat der Adenauer jümmers macht! Dat heißt „Bocka-tschio!"

Viele Geschwister

´Ne feine Hamburger Dame vonne Wohlfaat kommt in´ne kinderreiche Straße, wo Klein Erna mit vielen annere Göhrn in Rinnstein spielt. Die Dame fracht Klein Erna: „Na mein Kind, wie viele Geschwister hast du denn?" „Viele, mindestens fünf!" „Ach, das ist sicher sehr kostspielig?!" „Nee, die macht Pappa alle selbs!"

In Alsterdampfer

Mamma fährt mit Klein Erna in Alsterdampfer nach Baambek. Bein Schwanewik rutscht Klein Erna jümmers auf ihrn Sitz hin un her un sacht schließlich: „Mamma, ich muss ma!" Da sacht Mamma leise: „Kind, schnupf dir aus, da geht dat von über!"

So'n klein` Knoten

Einmal spieln Klein Ernas Bruder Klein Bubi un sein Freund Hannes aufe Straße. Wie da mittenmang zwei Hunde mit'n langen Schwanz angelaufen komm`, macht Klein Bubi sichn Jux un knotet sie mit die Schwänze zusamm. Wie er sich grade darüber fix amisiert, kömmt da'ne Tante un sacht empört: „Aber mien Schung, wat ist dat für eine Tierquälerei, wat meinst du wohl, wenn ich so wat mit dir un deinem Freund tun würde?" Sacht Klein Bubi: „Och, Tante, so'n klein Knoten kanns du scha gaa nich machen!"

Überraschung

Nachn Kriech war Klein Ernas Pappa scha lange noch in Gefangenschaft, aber ein Tag, wie Klein Erna noch in Schule is, da klingelt dat, un mit´n Mal is Pappa wedder dor. Wie Mamma sich von ihre Begeisterung erholt hat, sacht sie zu Pappa: „Nu wolln wir Klein Erna ma fix überraschen, wenn sie ausse Schule kommt, verstecken wir dich in Kleiderschrank un sagn gor nix!" Wie Klein Erna nu ausse Schule kommt, muss sie scha, wie jümmers, erst ma auf Toledde. Wie sie fertich is, kommt sie inne Wohnstube gepest un sacht: „Mamma, is Pappa wedder dor??!" „Wieso?", fracht Mamma ganz plietsch. „Klo-Deckel is hoch!"

Höchste Zeit

Klein Erna sitzt inne Deutschstunde in Schule un döst. Dat ältliche Frollein nimmt gerade in Grammatik Vergangenheit, Gegenwart un Zukunft durch. Sacht sie: „Klein Erna, ich werde heiraten! Wat ist dat?" Klein Erna fährt hoch: „Dat is höchste Zeit, Frollein!"

'Ne Glatze

Wie Klein Erna so sechs Schahre alt is, verliert sie an ein Tach gleich zwei Milchzähne. Sie rennt zu Mamma un is ganz aufgeregt. „Mamma, Mamma! Ich bekomm´ne Glatze in Mund."

Dat Geldstück

Frau Puvogel geht mit Klein Erna zun Aazt un sacht: „Herr Doktor, Sie müssen Klein Erna ma untersuchen. Sie hat inne letzten Woche´n Fünfmarkstück verschluckt." „Letzte Woche!?", sacht der Aazt, „Und da kommen Sie erst jetzt zu mir?" „Ischa nich so schlimm, Herr Doktor, hab dat Geld scha nich gebraucht. Aber nu wird die Miete fällich un da brauch ich´s doch!"

Die Maus

Klein Erna kommt ganz aufgeregt zu Mamma gelaufen. „Mamma, da im Vorrat is´ne Maus in die Milch gefalln." „Un hast du sie wedder rausgeholt, Klein Erna?" „Nee, aber ich hab die Katze auch reingeschmissen."

Kanns schnaarchen?

Fracht Klein Bubi: „Klein Erna? Kanns schnaarchen?" „Ich? Nee! Wie geht dat?" „So bein Schlafen, ein schnaach, ein nich, ein schnaach, ein nich! Kann ich, Pappa kann, Onkel Emil auch! Möchs auch?" „Hm, fix gärn, macht dat Spaaß?" „Nee, wer´s tut, merkta nix von, wer´s hört, ärgert sich!" „Warum soll ich denn schnaachen?" „Sollscha gor nich!"

Nachnamen

Fracht die Lehrerin Klein Erna auf´n Schulhof: „Na, wie heißt du denn, mien Deern?" „Erna." „Scha, dat weiß ich, aber mit Nachnamen?" „Weiß nich", sacht Klein Erna, „bin scha noch nich verheiratet."

Kuchnessen

Wie Klein Erna ma mit Mamma auf´ne Kaffegesellschaft fix bein Kuchenessen is, kricht sie mittenma´n menschliches Bedürfnis un rutscht jümmers unruhig auf´n Stuhl hin un her. Mamma merkt dat un sacht leise: „Klein Erna, rutsch nich jümmers so hin un her, wennu musst, musst vorher an denken." Sacht Klein Erna: „Hab ich aber nich an gedacht!" „Na, denn komm, hilf scha nix!" Als sie wedder sitzen, fracht Tante Frieda: „Na, Klein Erna, kanns nu wedder still sitzen?" Sacht Klein Erna: „Scha, Mamma auch!"

Klein Erna as'n Backfisch

Dat Hafenkrankenhaus

Klein Erna hat scha nu auch 'n schungen Mann, mit dem sie gern ma in Dunkeln spazierengeht. Un wenn sie so in die Gegend von Bismarck-denkmal sind un'n büschen rumknutschen, da sacht Klein Erna mit'n ma: „Heini? Wills ma sehn, wo ich an Blinddaam opariert bin?" „Oha, Klein Erna, zeich ma her, wo!" „Kuck ma, da unten, wo all die vielen Lichters brennen, da is dat Hafenkrankenhaus un da bin ich an Blinddaam opariert!"

Gas

Wie Klein Erna neulich ma Oma besucht un die Wohnungstür aufmacht, weil Oma'n büschen schlecht auf die Beine is hatse jümmers'n Schlüssel mit, da riecht dat so nach Gas. Klein Erna läuft ersma inne Wohnstube, um Oma zu suchen. Keine Oma da! Inne Schlafstube isse auch nich! Un wie sie in Küche kommt, liecht sie da wie tot auf'n Fußboden! As Klein Erna sich von den Schreck erholt hat, will sie ersma'n Fenster aufmachen, weil dat Gas nur so aus'n Rohr zischt. Aber vorher kuckt sie schnell noch auf die Gasuhr un denkt: „Och, ischa bloss 1,30!"

Pizzaessen

Klein Erna is ma innem ganz schicken italienischen Restaurang un bestellt sich'ne Pizza. Fracht der Ober: „Soll ich die Pizza in sechs oder zwölf Stücke aufteilen, Frollein?" „Sechs bidde!", sacht Klein Erna, „Ich alleine könnt nie zwölf Stücke schaffen!"

Aufe Kunstschule

Mamma trifft Frau Mackeprang aufe Straße, un wie sie so in klönen sind, fracht sie: „Wat macht denn Klein Erna?" „Och, der geht's fein, Frau Mackeprang, die is jetzt aufe Kunstschule, wegen ihrn Talent zu'n Zeichnen!" „Soo, wat zeichnet sie denn?", „Tschä, die zeichnet Akt!" „Wat? Soon unanständigen Kram, vielleicht nach'n richtigen nackigen Kerl?" „Nee, Frau Mackeprang, wo Sie auch gleich wedder hindenken, nur nach'n Gedächtnis!"

Inne Linie 28

Sacht Klein Erna inne Bahn: „Na, Frau Meier, auch nach Ohlsdorf, wedder jemand eingebüßt?" „Nee, ich will bloß ma nach mein Seligen kucken." „Tscha, dat stimmt so, man muss sich scha ab un an ma sehen lassen!"

Der Kranz

Ein Tach vor Opa sein Geburtstag geht Mamma mit Klein Erna zu sein Grab, um es'n büschen aufzufrischen. Wie sie denn in Ohlsdorf ankommen, leiht Mamma sich erst ne Gießkanne un'n Spaten un sacht zu Klein Erna: „Hier haste zwei Maak, nu lauf ma los un kauf'n Kranz!"

Dauert'ne Zeit, dann kommt Klein Erna mit'ne große Tüte inne Hand angelaufen un is ganz ausser Puste. Sacht Mamma: „Wat brings du denn da, Klein Erna?" „Tschä, Kranz war nich mehr da, da hab ich Bienenstich genommen."

Wat Kleines

Klein Erna geht anne Alster spazieren, un da trifft sie mittenmang Frau Peemöller, die'n Kinderwagen schiebt. „Na, Frau Peemöller, schon wedder'n Kleines? Lassen Sie doch ma sehn! Och, wie nüdlich! Is wohl'n Schunge?" „Nee, is kein Schunge." „Ach, denn is es wohl ein Mädchen?" „Erraten!"

Frau „Ada"

Neulich an Klein Erna ihrn fünfzehnten Geburtstach, da kam Mamma mit'n ganz furchtbar
ernsten Gesicht bei sie bei un sachte: „Tscha,
Klein Erna, nu bis du scha'ne große Deern, un
denn muss ich dir wohl ma erzähl'n, wie dein
Pappa umgekommen is, dat war nämlich ganz
furchtbah: Also, ein Tach ging dein Pappa
auf'n Dom, ohne mir, sons wär ihn dascha nich
passiert, un denn ging er auch zu die Riesenda-
me Frau ‚Ada'. Un wat meins du, mittenmang
die Vorstellung platzt ihr dat Trikot vorne in
die Mitte, un da sacht sie: ‚Nu komm ma einer
von die Herrn mit ne Sicherheitsnadel her un
steck mir dat eigenhändig zu!'

Un in dat Gedränge, wat da entstanden is, da is
dein Pappa in umgekommen!"

Vererbung

Mamma trifft ma beim Einholen Frau Reimers
mit ihre kleine Hertha. „Finden Sie eigentlich
auch, dass die Hertha mir so ähnlich sehen
tut?", fracht Frau Reimers. „Scha", sacht Mamma, „ischa wie aus'n Gesicht geschnitten! Eigentlich merkwöadig, wie sowat kommt, mein
Mann ischa auch ganz Klein Erna."

Inne Drogerie

Klein Erna is neulich inne Drogerie un bestellt: „Für 10 Pfennig Lindenblütentee." Sacht die Verkäuferin: „Lindenblüten können Sie haben, den Tee müssen Sie sich selbst bereiten." „Und dann noch für 20 Pfennig Kamillentee!" „Ich sagte schon einmal, Kamillen können Sie haben, den Tee müssen Sie sich selbst bereiten! Sonst noch etwas bitte?" „Noch´n büschen Seife!", sacht Klein Erna. „Soll es Toiletten-Seife sein?", fracht die Verkäuferin. Klein Erna schüttelt den Kopf. „Nee, hauptsächlich will ich mir dat Gesicht damit waschen!"

Platonisch

Klein Ernas Mamma trifft Frau Kröger aufe Seilerstraße. „Na, wie geht´s denn?", fracht Frau Kröger. „Muscha!" „Wat machen denn die Göhrn?" „Fein, Klein Erna hat schon´n richtigen Freund!" „So,´n Freund?" „Scha, aber nich so wie Sie denken, Frau Kröger, nur ganz platonisch!" „Soo, platonisch! Wat is denn dat, platonisch?" „Dat wissen Sie nich, wat dat heißt?" „Nee!" „Platonisch, dat heißt, dass sie da kein Geld für nimmt!"

Dat Poesie-Album

Klein Erna hat scha nu auch son Poesie-Album geschenkt gekricht. Mamma un Pappa haben ihr zuerst'n schönen Vers „zur Erinnerung" reingeschrieben. Wie Tante Alwine nu ma zu Besuch is, soll sie da auch wat reinschreiben, wat recht Poetisches. Un da schreibt sie: „Durch den Bäumen geht ein Wind, von Deine Tante Alwine."

Son Pech

Mamma Puvogel mit Klein Erna anne Hand trifft ma wedder Frau Mackeprang: „Och, ein Pech hab ich heute gehabt!", sacht sie. „Wat denn?", fracht Frau Mackprang. „Denken Sie ma, vorhin treff ich Frau Reimers: Is der ihr Mann doch heute mit dem Omnibus gefahren, der gegen den Baum geraast is, un der is auf'n Schlag tot! Un die Reimers kricht von die Versicherung ein Stück Geld, wo sie ihr Leben von genießen kann. So'n Glück von die Reimers!" „Scha, un wieso Ihr Pech, Frau Puvogel?" „Tschä, denken Sie man bloß: Mein Mann is doch mit'n selben Omnibus gefahren, un wat meinen Sie? Der Ideot springt raus!"

Der Aazt

Wie Klein Erna sich ma'n Fuß verknaxt hat, un der is ganz dick, geht sie damit zun Aazt. Der Aazt kuckt sich dat an un sacht: „Zieh bitte ma deinen Strumpf aus!" „Och", sacht Klein Erna, „darauf bin ich scha gor nich vorbereitet, denn muss ich ers nach Hause!"

Nach'ner halben Stunde kommt Klein Erna wedder un zieht ihrn Strumpf aus. „Der Fuß scheint wirklich recht geschwollen zu sein", sacht der Aazt, „zieh doch bitte zum Vergleich auch ma den anderen Strumpf aus!" „Och", sacht Klein Erna, „da bin ich scha gor nich auf vorbereitet! Denn muss ich ers nochma nach Hause!"

Ruderpartie

Wie Klein Erna ma mit ihrn Heini an ein hei-ßen Sonntagnachmittach anne Elbe is, da kricht Klein Erna so Lust auf Rudern. Klein Erna sitzt an Steuer un Heini rudert denn los, dass ihn dat nur so von sein Gesicht runterläuft. So nach'ne Stunde fracht er denn Klein Erna: „Sind wir denn noch jümmers nich in Blanke-nese?" „Nee", sacht Klein Erna, „muscha ers ma losbinden!"

Oma ihrn Hund

Klein Erna fracht neulich Oma Kröger, die son büschen schwerhörich is: „Wie heißt dein klein Hund eigentlich?" „Scha, ischa´n büschen heiß heute." „Nee, wie dein Hund heißen tut?!" „Ach so. Dat is mein Hund." „Wie der Hund heißt!" „Ach soo, wie der heißt? Eigentlich heißt er scha Hasso, ich sach aber man jümmers bloß: Kömm, kömm, un dann kömmt er!"

Liebeskummer

Klein Erna hat ma furchtbar Liebeskummer. Sie mach nix essen, nix trinken un is ganz blass. Mamma geht mit ihr zu´n Aazt. Der untersucht sie un sacht zu Mamma: „So kann ich noch nichts finden, vielleicht ist es nur Aufregung, da muss ich erst ma die Psyche Ihrer Tochter gründlich studieren." „Dat hab ich mir gleich gedacht, Herr Doktor", sacht Mamma, „un da hab ich Sie gleich´n klein Flasche von mitgebracht."

Dat Tanzvergnügen

Wie Klein Erna nu in die Schahre gekomm is, wo sie auch ma auf'n Tanzvergnügen darf, da geht sie nu ein Tach zu Mamma un sacht: „Du, Mamma, ich möcht auch ma auf'n Tanzvergnügen vonne Künstlers, is auch nich teuer, heißt ‚Planten un Plünnen‘, brauch ich mir bloß'n paa Plünnen umtütern, fertich bin ich!" „Nee", sacht Mamma, „dat lass man, Klein Erna, die Künsler sind so'n loses Volk, nachher finds du da ein, der dich mitnehmen tut un dir seine Wohnung zeigen will, un denn fällt er über dir her, un denn has du deine Ehre verlorn, un wir ha'm unsere Ehre verlorn, un nee, mien Deern, dat lot mol!" „Och", sacht Klein Erna, „auf mir kanns dich verlassen, ich lass' mir nich verführn! Da kanns auf ab!" Tschä, un Klein Erna tütelt sich denn'n paa Plünnen um un geht also doch hin un amisiert sich ganz prima.

An nächsten Morgen fracht Mamma: „Na, Klein Erna, wie waa's denn?" „Oh, schääk", sacht Klein Erna, „genau, wie du gesacht hast, bloß'n büschen anders. Also, ers, komm ich hin, find ich auch gleich ein, der ganz fix mit mir tanzen tut!" „Un denn?", fracht Mamma. „Denn hat er mir fix ein zu trinken gegeben!" „Un denn?" fracht Mamma. „Denn hat er mir

fix seine Wohnung gezeicht, ers die Küche un denn die Wohnstube, un denn die Schlafstube!" „Un denn?" fracht Mamma ganz aufgeregt. „Scha, un denn", sacht Klein Erna, „denn bin ich über ihn hergefallen, un nu hat er seine Ehre verlorn!"

'N Konfiramtionsgeschenk

Sacht Mamma zu ihre Nachbarin Frau Hinrichsen: „Wissen Sie, wat Oma Kröger Klein Erna zu ihre Konfirmation geschenkt hat?'N Buch! So'n Blödsinn! Un dann noch ,Liebesleben in die Natur', wo doch Klein Erna ihre Schule auf'n Steindamm is!"

Erbsenpüreh

„Och", sacht Frau Mackeprang, „gestern wa ich bei'n Festessen von Bürgerverein, da gab's so'n fettes Kassler mit Sauerkraut und Erbsenpüreh, nee, ich glaub, dat Püreh is mir schlecht bekomm, schon auf'n Nachhauseweg musste ich in eine Tua seufzen!" Da sacht Mamma: „Aha, aber wieso nenn Sie dat seufzen?"

Satz bildn

Ein Tag fracht Klein Erna ihre Freundin Hilde: „Kanns´n Satz bildn mit Kompass, Opernglas un Wollschal?" „Nee", sacht Hilde, „sach ma!" „Wie kompas? Bringt der Ober´n Glas Bier, wollscha Limonade ham!"

Sprachlos

Wie Klein Erna in´n Sprachkurs is, fracht der Französisch-Lehrer: „Wer kann übersetzen: L´appetit vient en mangeant." „Weiß ich", sacht Klein Erna, „dat heißt: Die Kleine kommt bei´n Essen."

Geschwooft

Bein Einholn auf´n Markt trifft Klein Erna ihre Freundin Hilde, die sacht: „Mensch, Klein Erna, wie siehst du denn aus?" „Wieso?" „So blass, hass geschwooft?" Sacht Klein Erna: „Fix, bis heut morgen um vier!" „Wat, wo doch dein Opa grad gestorben is? Ging denn dat?" „Och, ganz gut du!" „Un dat in eure kleine Wohnung? Wo seid ihr denn mit den Sarg geblieben?" „Na, anne Wand, hochkant!"

Unanständich

Einmal trifft Klein Erna ihre Freundin Lotte. Die fracht denn auch gleich, wat denn ihrn neuer Freund macht. „Welchen?" „Ach, den von neulich, der mit die Lederjack!" „Och, der! Mit den is aus!" „Warum?" „Der wusste so viele unanständige Lieder!" „Wieso? Hat der die dir denn jümmers vorgesungen?" „Nee", sacht Klein Erna, „aber gefiffen!"

Die Brezel

Klein Erna kommt in Bäckerladen un sacht: „Ham Sie wohl'n gebackenes B?" „Nee, mein Frollein", sacht der Bäcker, „so wat ham wir nich vorrätich, da kann ich höchstens anfertigen." „Wie lange dauert dat?" „Na,'ne gute Stunde wird dat wohl brauchen." „Is gut", sacht Klein Erna, „denn backen Sie mir ma eins, ich komm inne Stunde wedder." Nach'ne Stunde steht Klein Erna nu wedder in Laden, un der Bäcker hält ihr dat „b" vor die Nase. „Ohauahauaha", sacht Klein Erna, „ischa'n kleines b, ich wollt doch'n großes B ham!" „Dat hätts man gleich sagen solln", sacht der Bäcker fünsch, „wat nu?" „Scha, dat kann ich nich gebrauchen", sacht Klein Erna, „Können Sie mir nich noch'n Großes backen?" Der Bä-

cker kuckt auf die Uhr un sacht: „Dauert aber wedder´ne Stunde, jetzt issas fünf, komm aber pünktlich, um sechs wird hier dicht gemacht!" Punkt sechs steht Klein Erna wedder in Laden un der Bäcker holt ihr dat noch waame grosse B ausse Backstube. „Un Klein Erna", sacht er, „isso recht?" „Nee", sacht Klein Erna entsetzt, „ischa´n gedrucktes B, kann ich überhaupt nich brauchen, ich muss doch´n geschriemnes ham! Wat nu?" Der Bäcker schnappt´n paarmal nach Luff un sacht denn ganz griesgrammelich: „Na, sowat is mir scha noch nie nich passiert, backich son schönes B, un Du kannssas nich brauchen?" „Nee, muss geschriem sein! Gehtas nich noch?" „Na, ausnahmsweise, weil der Ofen noch waam is, will ich ma nich so sein", sacht der Bäcker, „Komm um sieben wedder un klingel anne Hintertür!" „Oh, vieln Dank", sacht Klein Erna, „dat is aber nett von Ihn." Als dat denn sieben is, klingelt Klein Erna anne Hintertür. Der Bäcker bringt dat wunderschön geschriemne B un fracht: „Na Frollein, is nu endlich richtich?" „Oh, wie schön", sacht Klein Erna, „genau richtich, prima, genau so happich mir dat gedacht!" „Soll ich wohl noch´n büschen einschlagen?" fracht der Bäcker. „Nee", sacht Klein Erna, „lassen Sie man, ich ess dat gleich auf!"

Der Fehltritt

Klein Erna hat dolle Schmärzen an Fuß un
muss zu´n Aazt. Der kuckt sich dat an un sacht:
„Tschä, da hast du wohl´n Fehltritt gemacht,
Klein Erna!" „Nee, Herr Dokta, da würd mir
doch mein Fuß nich so von weh tun!"

´N Netter

„Na, Klein Erna", fracht Frau Peemöller, „wat
wa denn dat gestern für einer, mit den du da
in Dunkeln spazierengegangen bis?" „Der?
Och, der war ganz nett!" „Nee, ich mein, wat
der ist?" „Kann ich doch nich wissen, wat
der essen tut!" „Deern, ich mein, wat der von
Beruf is?" „Och so! Ich weiß dat nich genau,
entweder is er´n Schäfer oder´n Pastor!" „Wie
komms denn da auf?" „Scha, gestern, wie wir
uns verabschieden, da sacht er: ‚Na, Klein
Erna, heut will ich dich man noch ungeschoren
lassen, aber morgen werd ich dich ma tüchtig
in Gebet nehm!'"

Berufsberatung

Fracht Tante Bertha: „Komms nich mit zu Berufsberatung, Klein Erna?"

„Nee, wozu´n dat, hab ich nich nötich!" „Weißt du denn schon, wat du werdn willst?" „Türlich weiß ich dat!" „Wat denn?" „Dascha ganz einfach! Krich ich´n schicken Busen, werd ich Filmstaar! Bleib ich platt, werd ich Plätterin!"

Acht Freunde

Wie Klein Erna so sechzehn Schahre alt is, isse Dienstmädchen inne ganz feine Hamburger Familie. Ein Tach klingelt dat Telefon, Klein Erna scheest hin: „Hia bei Sieversen!" Fracht eine Männerstimme: „Könnte ich bitte Fräulein Käthe sprechen?" „Käthe is nich da." „Wann ist denn Fräulein Käthe zu sprechen?" „Weiß nich, is in Stadt!" „Dann bestellen Sie bitte einen schönen Gruß von Herrn Hartnack!" „Von wem?" „Hart-nack, ich buchstabiere: Heinrich, Adolf, Richard, Theodor, Nils, Anton, Cesar, Karl!" Wie Fräulein Käthe nu mit ihrn Verlobten nach Hause kömmt, sacht Klein Erna: „Frollein Käthe ich soll´n schön Gruß bestellen von ganze Menge Männers, ich hab sie alle aufgeschrieben, un´ ´n Zesa wa auch dabei!"

Sommerschlussverkauf

Ein Tach in Sommerschlussverkauf trifft Tante Bertha aufer Mönckebergstraße Tante Frieda. Tante Bertha ischa man'n Sechsmonatskind, büschen zu koaz gekomm vonne Natur, un Tante Frieda ischa'n imposante Erscheinung, so vollschlank mit orntlich wat dran! Die hat sich nu'n neuen Hut gekauft, son ganz gewaltigen mit Bluhm ohm auf. Wie Tante Bertha sie gewah wird, verschlägt ihr dat die Sprache, sie sacht nur: „Tschä?" Worauf Tante Frieda so ganz von ohm herab sacht: „Tschä tschä!"

Natua

Bei Mamma Puvogel is Kaffeeklatsch orntlich mit selbstgemachte Torte un Klöben un'n Strauß Nelken inne Vase auf'n Tisch. Kommt Frau Reimers un sacht: „Nee, wat feine Blumen auch, sieht aus wie echt!" Sacht Klein Erna: „Is auch echt!" Da staunt Frau Reimers: „Dascha doch gediegen, sieht aus wie gemacht!"

Frisch gestrichen

Mit Mamma ihre Sehschärfe un Schwerhörig-
keit wird dat nu jümmers schlimmer. Sitzt sie
doch neulich inne Anlagn auf'ne Bank mit'n
Schild „Vorsicht Farbe"! Dat sieht Klein Erna
un sacht: „Die Bank ist gestrichen!" Fracht
Mamma: „Wat?" Schreit Klein Erna: „Gestrichen!" „Wie?" „Grüün!"

Doch lila

Mamma kommt mit Klein Erna an Hand aus'n
Alsterhaus, wo Ausverkauf is! Sie sacht:
„Komm, Klein Erna, raus hier aus'n Gewühl,
setzen wir uns aufe Bank un waaten auf'n Alsterdampfer." Wie sie da so sitzen, fracht Klein
Erna: „Mamma, wat hastu denn da inne Tüte?"
„'N Schlüpfer!" „Für mich?" „Nee, für mich,
große Größe, wolln ma auspacken un sehn,
wie mir die Farbe zu Gesicht steht!" Sie packt
einen großen langbeinigen Schlüpfer aus, hält
ihn vor sich hin un sacht empört: „Nu isser
scha doch lila."

'N Geschenk

Geht Klein Erna einkaufen in Alsterhaus un sacht zu die Verkäuferin: „Guten Tach! Ich möcht gern'n paar Autohandschuhe für mein Vater zu'n Geburtstach!" „Gern, welche Nummer denn?" „HH – MP 128"

Diebstahl

Klein Erna is neulich ihr Pottemannee in Kino apphandn gekomm. Der Täter wird aber gefasst. Vor Gericht fracht nu der Richter: „Frollein Erna, wo hatten Sie denn Ihre Geldbörse?" „Hia, inne Rocktasche, hab ich da jümmers in!" „Scha, un haben Sie denn gor nich gemerkt, dass der Mann da reingefasst hat?" „Oh doch! Aber auf die Idee, dass er da nach Geld suchen wollte, bin ich nu weaklich nich gekomm!"

Regeln

Frau Puvogel trifft Frau Mackeprang aufe Stra-
ße. „Na, Frau Puvogel, wie geht dat denn ihrn
Klein Erna?" „Och gut. Ischa schon fast´ne
Dame." „Is sie denn oft lange weg abends?"
„Na scha, dat geht. Ich hab ihr gesacht: Klein
Erna, wat´ne anständige Deern is, die liegt um
acht in Bett." „Warum dat denn?" „Na, damit
sie um zehn spätestens zu Hause is."

Kartoffelernte

Klein Erna soll scha nu in Ferien´n büschen
Geld verdienen. Da will ihre Tante Bertha sie
nach Vierlanden schicken, um Kartoffeln raus-
zuholen. „Nee du, Tante Bertha, dat is nix für
mir", sacht Klein Erna, „schick da ma lieber
einen hin, der die Kartoffeln inne Erde reinge-
legt hat; der weiß denn auch, wo die liegen."

Klein Erna wird groß

Unter die Laterne

Wie Frau Reimers neulich abends in Dunkeln noch ma mit ihrn Hund vor Tür geht un'n büschen frische Luft schnappt, da sieht sie, wie Klein Erna jümmers umme Laterne rum geht un wat sucht. Da geht sie denn hin un fracht: „Na, Klein Erna, wat suchs du denn da?" „Mein Hausschlüssel!", sacht Klein Erna, die wohl'n büschen benebelt von Tanzvergnügen is. „Wieso hast du den denn gerade hier verlorn? Du wohnst doch'n ganzes Ende weiter runter!" „Scha", sacht Klein Erna, „ich weiß, aber dahinten is dat so dunkel!"

Zu duster

Klein Erna geht ma in Dunkeln mit ihrn Heini spazieren, un wie sie nu in ein Torweg stehn bleiben un'n büschen rumknutschen, da sacht Heini: „Nee, ischa zu duster heute, man kann scha seine Hand nich vor Augen sehen!" Sacht Klein Erna: „Da hascha deine Hand auch gaanich!"

Referenzen

Klein Erna fracht ihrn Freund Heini: „Na? Wat is mit die neue Stellung?" „Ach, is nix geworden!" „Wieso dat? Haste dich denn nich vorgestellt als Hausdiener?" „Scha, dat wa so wat von schediegen. Wa da sonne komische Frau, die wollt alles ganz genau wissen!" „Wat denn?"

„Ach, ers kuckt se mich von obn bis untn an!" „Nee?" „Doch! Denn sollt ich meine Hände vorzeign!" „Nee?" „Doch! Un denn die Füße!" „Nee?" „Doch! Un dann wollt se mittenmang meine ,Referenzen' sehn un da muss ich wat Verkehrtes gemacht ham!"

Deutsche Sprache

Klein Erna ischa auch ma in Büro angestellt, un jümmers, wenn sie an Telefon geht, fracht sie: „Warum handelt es sich?"

Der Chef hört sich dat'n paarmal mit an, denn wird ihn dat zu dumm un er sacht zu Klein Erna: „Hören Sie ma, Fräulein Erna, am Telefon sagen Sie jümmers ,Warum handelt es sich?' Dat is falsch, es heißt nich ,warum', sondern ,worum'!" Fracht Klein Erna: „Ach, un worum?"

Klein Erna un der Amerikoner

Klein Erna geht ma so als Dame verkleidet vor den Hotel Vierjahreszeiten spazian. Steht da son dicker Amiwagen! Un der Fahrer macht auch gleich sone einladende Bewegung! Un schon sitz Klein Erna in den Wagen in! Un denn drückter auf´n Knopf und los gehtas mit die Fahrt! Un denn drückt er auf´n Knopf un Fensterscheibe geht hoch. Un denn drückt er auf´n Knopf un Musik geht los! Un denn drückt er auf´n Knopf un Verdeck geht runter! Un denn drückt er auf´n Knopf un Verdeck geht wedder hoch! Un denn drückt er auf´n Knopf un rotes Licht geht an! Un dann mittenmang fährt der Amerikoner inne stille Nebenstraße. Klein Erna kuckt bloß jümmers man un staunt un staunt! Un denn drückt er auf´n Knopf un die Schallusien gehen runter. Un denn drückt er auf´n Knopf un Sessels gehen nach hinten! Dat kommt Klein Erna denn doch´n büschen komisch vor un sie sacht: „Ihr Amerikoners macht scha wohl gaanix mehr mitte Hand?!"

Fremdwörters

Einmal, wie Mamma aufn Maakt is, bein Einholen, trifft sie Frau Reimers, un die fracht:
„Na, wie geht's denn Klein Erna?" „Och
gut, die is jetzt verloobt!" „Ach nee, mit wen
denn?" „Mit'n Veterinär!" „Wat is'n dat? „Na,
der isst kein Fleisch!"

Pseudonym

Wie Klein Erna nu von wegen die Heirat ausn
Haus is, hat Mamma scha nu'n Zimmer frei
un beschafft sich'n möblierten Herrn. Der
sacht: „Frau Puvogel, ich bin Schriftsteller,
kriegen Sie also kein Schreck, wenn Post für
mich kommt, ich gebrauche nämlich ein Pseu-
donym!" „Ach, dat macht scha nix, wenn dat
kein Krach macht, hab ich nix dagegen!"

Ihrn Mann

Tante Bertha fracht Mamma: „Sach ma, wat
is denn Klein Erna ihrn Mann eigentlich für'n
Mann?" „Och", sacht Mamma, „der Heini, der
ischa'n ganz netten Kerl, bloß manchmal'n
büschen stöamisch!" „Oha", sacht Tante Bertha, „den lass man, so'n Idealisten is mich lieber als'n Egoisten!"

Der möblierte Herr

Mamma trifft Frau Mackeprang aufe Straße un erzählt: „Klein Erna ischa nu außen Haus, da hab ich schetz'n neuen möblierten Herrn!" „Dascha gediegen", sacht Frau Mackeprang, „Wa dat die Männerstimme, die sich neulich an Telefon gemeldet hat?" „Scha, der geht jümmers ran, wenn ich wech bin!" „So?! Un wat ist dat sons für ein?" „Ein Ortopede!" „Na kuck! Un ich hätt schwöan könn, dass dat'n waschechten Hamburger is!"

Zudringlich

Wie Klein Erna so siebzehn is, da geht sie ma wedder auf'n Tanzvergnügen un da kommt'n fremder schunger Mann un fordert Klein Erna auf. Der is aber son Piesepampel, un Klein Erna kann sich gaa nich vor ihn retten, un wie er denn noch unverschämter wird, sacht Klein Erna: „Lassen Sie dat, hat gaa kein Zweck, mein Herz hat nix für Sie über, is besetzt!" „Ach Frollein", sacht der schunge Mann, „so hoch hinaus wollt ich scha auch gor nich!"

Der Fleck anner Wand

Klein Erna ischa nu schon'ne zeitlang verheiratet! Un da, wo dat Doppelbett stehn tut un da wo der Schalter anner Wand is von Hingrabbeln in Dunkeln, ischa son klein Fleck entstann! Dat soll nu neu gemalert werden. Der Maler wird bestellt, un wie er denn kommt, macht Klein Erna die Tür auf un sacht: „Nu komm Sie ma mit inne Schlafstube, ich will Ihn'n ma zeign, wo mein Mann abens in Dunkeln jümmers hinfasst!" „Ach", sacht der Maler, „ich bin scha man bloß'n alten Mann, schunge Frau, geb'n Sie mir man lieber'n klein Köm, da hab ich mehr von!"

Wat Besseres

Bei den besseren Herrschaften, wo Klein Erna Hausmädchen ist, klingelt's. Klein Erna öffnet die Haustür. Steht da'n Mann un sacht: „Kann ich wohl Herrn Vogel sprechen?" Sacht Klein Erna: „Momang!" Sie meldet dem Hausherrn: „Da is schemand – der will Sie sprechen!" „Wie heißt er denn?" „Weiß nich!" „Und in welcher Angelegenheit?" „Weiß nich!" „Wie sieht er denn aus, wat Besseres?" „Nee, so wat wie Sie!"

Der Paster

Zu Klein Erna ihre Hochzeit wird der Pastor nache Trauung auch eingeladen. Un wie sie bei die festlich gedeckte Kaffetafel sitzen, sacht Mamma: „Langn Se man tüchtig zu, Herr Paster, Sie könn´ dat gebrauchen, sehn scha man ‚n´büschen spittelich aus!" Nach´ne Zeit macht Mamma wedder in Unterhaltung un sacht: „Na un, Herr Paster, schon verheiratet?" „Nee, Frau Puvogel, erst verlobt." „Schon lange verlobt?" „Schawohl, vier Schahre." „Un? Schon Kinder?" Dem Pastor bleibt der Kuchen im Halse stecken un er schüttelt heftich den Kopf. Da weiß Mamma: „Dann kömmt auch keins mehr!"

Schon wedder ne Deern

Klein Erna bekommt´n lütt Deern nach´n annern. Nu ist wedder wat Kleines unterwegs. Ein Monat zu früh kommen Zwillinge un wedder Mädchen! Sacht die alte Hebamme zu Klein Erna: „Tschä, wenn Sie die Kinners man´n klein büschen länger ausgetragen hätten, wärn dat vielleicht doch noch kleine Schungs geworden!"

Klein' Gefalln!

Klein Erna sucht sich 'ne Kinderfrau un findet auch eine, die hat aber'n bewegtes Leben un zwei uneheliche Kinners. Auf die Frage nach ihrn Vorleben sacht sie: „Tscha, wissen Sie, der Vater von den Willi, wissen Sie, mit dem wa ich scha eintlich schon verloopt, un denn is er ein Tach mitten Schiff abgehaun! Un die Elisabeth, wissen Sie, der ihr Vater war scha son richtigen Luftikus, aber wat soll man machen, man muscha den Männern auch ma'n klein' Gefallen tun!"

Gattenwahl

Fracht Klein Erna ihre Freundin Käthe: „Na Käthe, wistu nich bald ma heiraten?" „Weiß nich, Erna. Bis schetz happich noch kein gefunden, wat ich mir so gedach hab!" „Wie issas denn mit Jasper?" „Ach der! Der is jümmers so ordineer!" „Und wat is mit Hannes?" „Ach der hat gaanich'n büschen Lebensauffassung!" „Na, un Hinnack? Der is doch ganz fix in Kopp!" „Nee, der hat aber nix in die Milch zu krümeln, da isser viel zu faul!" „Tscha, weißt du Käthe, wenn du sooo wählerisch bis, kristu nie ein app. An mein Heini ischa auch nich alles dicht, aber irgendwat is an scha scheden Mann!"

Unterschied

„Du Klein Erna", fracht Heini, „Kanns mir'n Unterschied sagen zwischen Persil und 'ne Jungfrau?" „Nee", sacht Klein Erna, „sach ma!" „Persil bleibt Persil!"

Hummeressen

Klein Erna un Heini wolln ma ganz fein essen gehn. Sie fahrn mit'ne Taxe nach'n Jacob anne Elbe un bestelln sich Hummer un Schampagner. Wie der Ober so alles hinstellt, kriegen sie auch Hummergabeln un Fingerschalen. „Wat soll dat denn?", fracht Heini Klein Erna. „Weiß nich, wollnma sehn, wat die annern damit machen!"

Sie kucken vonne Nachbarn ab, wie man mit den komischen Haken dat Fleisch aus'n Hummer holt, aber die kleinen Wasserschüsseln rührn sie nich an. Da sacht Heini: „Ich frach einfach ma den Ober, wozu die gut sind!" „Mach ma", sacht Klein Erna. Sacht Heini: „Herr Ober, wat soll'n die Schüsseln hier, hab ich doch gor nich bestellt!" „Mein Herr, wenn Sie sich beim Hummeressen die Finger beschmutzt haben, spülen Sie sich dieselben darin ab!" Sacht Klein Erna: „Siehst du Heini, stellst du'ne dumme Frage, krist du'ne dumme Antwort!"

Tante Miene

Klein Erna ischa nu schon Schaarende verheiratet un hat schon viele kleine Kinners, aber man jümmers bloß Mädchens! Nu is endlich'n Schunge gekommen! Die ganze Familie kömmt zu gratulieren! Nach zwei Wochen kömmt auch Tante Miene mit'n großen Blumenstrauß. Un dann sacht sie: „Nu wolln wir uns den kleinen Schung aber auch ma ansehn! Wem sieht er denn ähnlich?" Sacht Klein Erna: „Ach, dat weiß ich nich, in Gesicht ham wir noch gor nich gekuckt!"

Jümmers Zwillinge

Klein Erna ihre Freundin Mia ischa nu auch schon fünf Schahre verheiratet un hat schon sechs Kinder, jümmers Zwillinge. Wie Klein Erna in Krankenhaus zu Besuch kömmt un gratuliert, fracht sie: „Sach ma Mia, krichst du jümmers Zwillinge?" „Nee, Klein Erna, nich jümmers, manchma krich ich auch gor keine!"

Zellofahnpapier

Klein Erna is Verkäuferin inne Papierwarenhandlung. Ein Tach kommt´n Mann un sacht: „Meine Frau is grad bein Einmachen un da soll ich Zellophanpapier mitbringen zun oben über machen!" Sacht Klein Erna: „Tscha, ham wir hia, sonne Rolle koss aber 1,50." „Nee", sacht der Mann, „dazu is mir dat nu zu teua, brauch scha bloß´n klein Bogen!" „Ach", sacht Klein Erna, „Nu nehm Sie man die ganze Rolle, könn sie scha auch noch anderweitich verwenden!" „Nee", sacht der Mann, „dazu is mir dat doch zu glatt!"

Die Kuckucksuhr

Klein Erna hat zu ihre Hochzeit´ne schöne Kuckucksuhr geschenkt gekricht. Hat sie scha ihre Freude an, wenn jümmers´n klein Kuckuck rauskommt. Ein Tach, wie Heini zu Hause kommt, steht da Klein Erna un weint un sacht: „Uhr is kaputt!" Heini kuckt un sieht, dass dat Pendel steht. „Oh", sacht er, „ischa nur dem Pendel kaputt, dem bring ich zun Uhrmacher, der wird dat schon wedder hinkriegen!"

'N Kranz

Klein Erna is scha in Blumenladen angestellt un soll ma´n Kranz nach´n Krematorium in Ohlsdorf bringen. Nach drei Stunden, wie die Beerdigung längs vorbei is, kommt sie mit ´n Kranz wedder an Laden un sacht: „´N Krämer Meyer un´n Krämer Schmidt hab ich gefunden, aber´n Krämer Torium konnt un konnt ich nich finden!"

Nich so intim

Klein Erna is ma´ne Zeitlang Dienstmädchen bei besseren Leuten, aber sie muss kündigen, weil sie scha wat Kleines erwartet. „Aber warum fragen Sie den Mann denn nich, ob er Sie heiraten will?", fracht die Madam. „Nee", sacht Klein Erna, „dat kann ich ihn doch nich fragen, so intim sind wir denn doch nich miteinander!"

Die Vorschrift

Gab scha ma´ne Zeit, wo kein Mensch´ne ordentliche Wohnung hatte un da organisierte sich Heini mit Klein Erna son ollen Eisenbahnwaggon, un da wohnten sie nu in. Wie nu ein Tach Tante Bertha zu Besuch kömmt, da sieht sie, wie Heini den Waggon jümmers hin un her schiebt. Sacht sie: „Mensch, Heini, wat machst du denn da?" „Klein Erna is grad auf Toledde, un Benutzung is doch nur in Fahren gestattet!"

Die schielt nich

Wie Klein Erna ma mit ihre Freundin Hilde spaziern tut, trifft sie ihrn Heini. Der kuckt Hilde an un sacht: „Mann, Klein Erna, deine Freundin schielt scha!" „Nee, Heini", sacht Klein Erna, „Die schielt nich, die muss so kucken!"

In scheden Hafen´ne Braut

Klein Erna fracht ihrn Heini, der scha Matrose is un zur See fährt: „Sach ma, Heini? Hast du eigntlich in scheden Hafen ´ne Braut?" Sacht Heini: „Wat´n Übertreibung wedder! Wo wir doch lange nich scheden Hafen anlaufen!"

In Sprechzimmer

Klein Erna geht ma zu´n Aazt un rennt gleich da rein wo „Sprechzimmer" an steht, un da is denn auch´n Herr in weißen Kittel in. Klein Erna klagt ihn gleich ihr Leid un sacht, er soll ihr ma tüchtig untersuchen. Dat tut er denn auch. Un geht raus un bringt noch´n Herrn in weißen Kittel mit, der ihr dann auch gründlich untersucht, nach´ne Zeit mit´n Kopf schüttelt un sacht: „Nee, Frollein, da könn´ wir auch nix bei machen, da waaten Sie man noch´n Augenblick, bis der Aazt kommt, wir sind nämlich bloß die Malers."

Der Ausziehtisch

„Sag´n Sie ma", fracht Frau Peemöller Mamma Puvogel, „Ihr´ Klein Erna, die heiratet doch! Nu wolln wir ihr gärn´n büschen wat Besonderes schenken! Wissen Sie nich´n Hochzeitswunsch?" „Doch, die wünschen sich´n Ausziehtisch!" „Dascha gediegen sowas! Wia ham dat imma aufer Bettkante gemacht!"

Son kleinen Rat

Klein Erna will scha nu heiratn. Ein Tach vor die Hochzeit sacht Mamma zu Klein Erna: „Du Klein Erna, ich will dia noch'n Rat gebn! Wenn's denn soweit is, so vor die Hochzeitsnacht, weißt du, denn musst du nich beikomm un dich so mit eins ausziehn! Nee, klein büschen musst du jümmers anbehaltn!" „Scha Mamma", sacht Klein Erna, „ich weiß schon, wat du meins!"

Ein Tach nach die Hochzeit geht Heini denn zu Mamma un sacht: „Du, Mamma, mit Klein Erna gehs du am besten ma zu'n Püschater, die waa scha so märkwördich inne Hochzeitsnacht!" „Sach bloß! Wat waa denn?" „Die wollt un wollt doch nich den Hut abnehm!"

Hausmusik

Ein Tach, wie Tante Bertha ma bei Klein Erna zu Besuch is, da hörn sie von nebenan so gaanz laute Musik. Da fracht Tante Bertha: „Wat dat bloß für'n Lärm, können die ihrn Radio nich leiser stellen?" Da sacht Klein Erna: „Nee, Tante Bertha, dat sind unsere Nachbarn, die Peemöllers, die spieln jümmers Schopeng auf Piano, stell dich vor, zwei Personen an ein Klavier, ischa direkt'n ärmlichen Kram!"

Skat

Klein Erna soll scha nu niederkomm. Der Aazt meint, dass dat scha wohl´ne schwierige Sache würd. Klein Erna soll man in Krankenhaus komm. Na, wie dat denn nu so weit is, geht sie scha denn auch hin un da wird sie gleich auf´n Operationstisch gelegt, weil sie scha kloroformiert werden soll. Da sacht der Aazt zu ihr: „Klein Erna, musst schetz schön zähln, damit ich merk, wenn du wech bis!" Klein Erna kam nu gerade vom Skatspielen, un da sie noch so in´ Dreh war, fängt sie glix an: „18, 20, 22." Bei „24" sacht sie: „Passe", un schläft ein. Wie nu alles vorbei is un sie die Augen wedder aufkricht, sacht der Aazt: „Klein Erna, hätts ruhig weiter reizen können, waren zwei Schungens drin!"

Dat neue Auto

Tante Bertha trifft Klein Erna, wie die gerade aus´n nagelneuen Käfer aussteigt: „Sach ma, Klein Erna? Wie kommst du denn zu den Auto?" „Selbs verdient!" „Wie denn?" „Sozusagen hinternherum!" „Wieso dat?" „Tschä, ich wa ein Säsong Toleddenfrau inne Raststätte vonne Autobahn!"

'N schwieriger Fall

Klein Erna ischa nu schon 10 Schahre verheirat un hat jümmers noch kein Kind in die Wiege! Da sacht denn Mamma Puvogel: „Klein Erna, du musst ma zu'n tüchtigen Aazt gehn, der kann dir sicher helfen!" Na, Klein Erna geht denn auch hin un erzählt ihn von ihrn Problem. Der Aazt hört sich dat mit'n ganz ernsten Gesicht an un sacht: „10 Schahre? Dascha'n schwieriger Fall, aber woll'n ma sehen, wat sich machen lässt; ziehn Sie sich ma aus!" „Och, Herr Dokta, dat erste Kind wollte ich scha zu gern von mein Mann habn!"

'N Sadist

Wie Mamma mol'n büschen in die Anlagen von Planten un Blomen spazierengeht, trifft sie Frau Reimers. „Na, wie geht's denn, Frau Puvogel?" fracht die. „Och, geht so!" „Wat macht denn die Verlobung von Klein Erna?" „Is aus!" „Wieso denn? Wa doch son'n netten jungen Mann!" „Nee, wir ham da wat rausgekricht!" „Ach, wat denn?" „Tschä", sacht Mamma, „der is'n Sadist!" „Kannst ma sehn", sacht Frau Reimers, „un ich denk, der is bei die Post!"

Bei die Swatten

Klein Erna war scha auch ma Stewadesse auf´n Kreuzfahrer, un da war so´n reichen Swatten, der hatte so´n Interesse an ihr. Schließlich heiratete er Klein Erna un ging mit ihr nach Afrika in´n Busch.

Aber nach´n paar Schahrn kömmt sie mittenmang wedder nach Hamburg zurück. Fracht ihre Tante Bertha: „Warum bist du denn weddergekomm, Klein Erna, waa´s nich schön bei die Swatten?" „Och", sacht Klein Erna, „eigentlich scha, ein Kind nach´n andern hab ich gekricht, bloss nich ein is nachgeblieben!" „Wieso dat?" „Tschä, dat wa so, jümmers wenn wir gerad´n paar zusamm hatten, kam Opa aus´n Busch un fraß sie wedder auf! Un da konnt un konnt ich mir nich an gewöhn!"

´Ne billige Leiche

Klein Erna is auf´ne Beerdigung un sacht zu ihre Nachbarin: „Kucken Sie ma, wat für´ne billige Leiche! Is die von ‚Sparverein Ameise´?! Die tragen sich jümmers gegenseitich!"

Bein Krämer

Mamma Puvogel is bein Krämer: „Ein Vittel
Mettwoast bitte un ham Sie schon die Zeitung gelesen, Herr Harms?!" „Nee, war wat?"
„Wedder'n Autounglück un'n Vittel Rama."
„Nee, wie grässlich. So, sons noch wat? Frau
Puvogel?" „Wa doch der Herr Siems, von hier
umme Ecke!" „Ach der! Und wat solls noch
sein?" „Und'n Fund grüne Seife bitte. Tscha,
der soll scha ganz foachba degeneriert gewesen sein!" „Wat Sie nich sagen, un da fracht
man sich: warum ham sie den nich opariert?"

Der Chapeau-Claque

Als Klein Erna auch ma Verkäuferin in Hut-
laden is, un da kömmt ein Tach'n ganz feinen
Herrn in Laden un sacht: „Ich möchte einen
Chapeau-Claque!" „'N Schapeklack", lacht
Klein Erna, „wat'n dat?" „Dat ist ein Zylinder mit einer Feder!" „Dascha gediegen, so
wat.'N Zylinder mit 'ne Feder auf?" „Nein,
Fräulein, mit einer Feder drinnen!" „Wat, mit
'ne Feder in? Dat juckt scha!"

Drillinge

Die Freundin von Klein Erna, die Mia, die scha so belesen is, scheden Tag liest die nämlich Bildzeitung, die hat scha gleich in ersten Schahr in ihre Ehe Drillinge gekricht! Klein Erna geht mit´n schön Blumenstrauß inne Klinik zun Gratulieren! „Na, Mia", sacht sie, „dat ischa vielleicht´n Ding, gleich mit Drillinge anzufang!" „Scha, ulkich, nich?", sacht Mia. „Wo ich doch neulich inne Zeitung gelesen hab, dass Drillinge nur dat dreitausendachthundertste Mal vorkommen!" Überlecht Klein Erna: „Da versteh ich aber nu wirklich nich, Mia, wie du denn noch zu deine Hausarbeit gekommen bis!"

Der Teppich

Klein Erna is bei besseren Herrschaften in Stellung. Die Dame des Hauses hat in Abendblatt inseriert, dass ein Teppich zu verkaufen is. An nächsten Tach meldet Klein Erna: „Da is´n Häär in die Diele, der reflektiert auf Ihrn Teppich!" „Um Gottes Willen, Erna, schmeißen Sie den Kerl raus un feudeln schnell über, bevor´n Käufer kommt!"

Papier bleibt doch Papier

Klein Erna kricht von Tante Bertha´ne wunderschöne Klosettbürste zur Hochzeit! Un darüber freut sie sich scha auch ganz bannich un hängt sie gleich in Toledde auf! Als Tante Bertha nach´ne Zeit mol wedder zu Besuch kommt, da is aber keine Klosettbürste mehr auf Toledde! „Sach ma, Klein Erna, wo is denn meine Klosettbürste?" „Ach, Tante Bertha, so´n Dings ischa ganz schön, aber eins will ich dir sagen: ‚Papier bleibt doch Papier!´"

´N englischer Freund

Klein Erna hatte ma´n englischen Freund. War scha direkt´n feinen Verkehr! Un wie sie ´ne Zeitlang zusammen sin, bleiben die Folgen nu auch nich aus! Aber´n paar Tage hat dat Kind man bloß gelebt. Mamma versucht ihr denn´n büschen zu trösten un sacht: „Ach, Klein Erna, lass man, verstanden hätten wir ihn scha doch nich!"

Stundenlang

Wie Klein Erna nu ganz groß un schon verheirat´ is, soll sie denn auch niederkommen. Un ihr Heini sitzt bei ihr un hält ihre Hand ganz fest. Na, un wie dat nu schon stundenlang dauert un jümmers noch kein Kind da is, da wird Heini dat denn doch zu dumm un da sacht er: „Na, Klein Erna, wenn dat nu partu gor nich will, denn lass dat man!"

Freiwillig

Klein Erna ihrn Mann Heini ischa gerne ma abends inne Kneipe. Aber irgendwann wird dat Klein Erna zu viel un sie sacht ganz fünsch: „Musst du eigentlich scheden Abend so spät ausse Kneipe nach Hause komm´?" Da sacht Heini: „Nee du, dat tu ich ganz freiwillig."

Frikadellen

Klein Erna is mit ihrn Heini in´n Lokal essen. Heini ruft nach den Ober un fracht: „Herr Ober, wer hat eigentlich dat Fleisch in die Frikadellen getan?" „Der Koch natürlich!" „So, un wer hat´s dann wedder rausgenommen?"

Ungeziefer

Klein Erna un Heini feiern ihrn Hochzeitstach un gehn ma richtich schick essen. Fracht Klein Erna denn den Kellner: „Könn' Sie uns wat Leckeres empfehln?" Der Kellner zählt die Spezialitäten des Hauses auf: „Weinberg-schnecken, Froschschenkel, Garnelen." Unter-bricht Heini ihn: „Hörn Se ma, Herr Ober, wir wolln hier essen un nich Ihr ganzes Ungeziefer entsorgen."

Liebe

Klein Erna un ihr Heini gehn abends so händ-chenhaltend anne Alster spazieren. Da fracht Heini mit'n Mal: „Sach ma ehrlich, Klein Erna, wen würdst du vorziehen? 'N hübschen oder'n klugen Mann?" Sacht Klein Erna: „We-der noch. Ich liebe nur dich."

Dat Versprechen

Wie Klein Erna un Heini nu verheiratet sin, sacht Heini: „Du, Klein Erna, ich versprech dich, ich mach dir zu glücklichsten Frau vonne Welt!" Sacht Klein Erna: „Och, du, da werd ich dich aber vermissen."

Zu Hause

Klein Erna ihrn Heini is ma wedder stark ange-
heitert, als ihn ein Polizist nach Hause bringt.
„Ist dat ihr Haus?", will der Beamte wissen.
„Stimmt", meint Heini un zieht den Polizisten
mit inne Wohnung. „Ich zeich ihnen alles. Dat
hier is die Schlafstube. Die Frau im Bett da,
dat is meine Frau, un der Mann, der daneben-
liegt, dat bin ich."

Ortografie

Klein Erna is in Stellung bei Frau Vogel, die
hat es aber nich leicht, Klein Erna zu ein´
tüchtigen Hausmädchen zu erziehen. Täglich
kriegt sie Ermahnungen, wie un wat sie alles
tun soll, aber es fruchtet nich. Klein Erna sacht
dann jümmers nur: „Tschä." Nu versucht es
Frau Vogel auf eine neue Art. Als Klein Erna
schon drei Tage keinen Staub gewischt hat,
malt sie mit dem Finger auf den Flügel: „Gesehen! Vogel!"

Als Klein Erna dat entdeckt, schreibt sie drunter: „Tschä, un ich dacht, man schreibt Vogel
mit F!"

Wäsche

Klein Erna is jung verheiratet un blättert nu schon'ne halbe Stunde in'nem Kochbuch rum. Irgendwann wird Heini dat zu dumm un er fracht sie: „Wat suchst du denn so dringend da in Kochbuch?" „Da steht nirgens, wie man Wäsche kocht!"

Der Traum

Heini liecht in Bett un träumt, er is gestorben, un er kommt in'n Himmel. „Guten Tag, mein lieber Heini", sacht der liebe Gott, „lass uns man erst einen trinken. Willst du Grog oder Lütt un Lütt?" „Och, ich hab mich scha'n büschen verkühlt", sacht Heini, „denn gib mich ma'n Grog!" Der liebe Gott geht in die Küche, um heiß Wasser zu machen. Un damit isses zu Ende. Heini kricht nämlich'n Schubs in die Rippen, Klein Erna steht vor ihm un sacht: „Aufstehen, Heini, is schon spät!" Ärgert sich Heini un sacht: „Hätt ich man bloß Lütt und Lütt genommen, den hätt ich schon gehabt!"

Praktiker

Klein Erna is schon´ne ganze Weile so´n büschen blumerant. Weil Mamma dat will, geht
sie denn auch zum Aazt. Der fracht: „Nu,
Klein Erna, wann wars du denn zuletzt ma
beim Aazt?" Denkt Klein Erna scharf nach:
„Och, so genau weiß ich dat nich mehr, vor
Schahrenden." „Bist du da von einem Internis-
ten oder von einem Praktiker untersucht wor-
den?" „Dass muss wohl´n Praktiker gewesen
sein, der hat überall hingefasst!"

Männers

Sacht Klein Erna bein Einkaufen zu die Frau
von Krämer Pohlmann: „Ein Leben ohne Männers kann ich mich gor nich vorstellen!" Fracht
Frau Pohlmann: „Bisse denn inzwischen verheiratet?" „Nee. Wieso?"
„Na, sonst wüsstesr´s besser!"

Kompliment

Sitzen Klein Erna un ihr Heini als alte Eheleu-
te an Essenstisch. Da beklagt sich Klein Erna:
„Als wir jung verheiratet warn, hast du mir
jümmers dat größte Stück Fleisch übergelas-
sen. Un nu?! Du liebst mich gor nich mehr."
„So'n Quatsch", sacht Heini, „ich liebe dich
jümmers noch, nur heute kochst du besser als
vor zwanzig Schahren!"

Antik

Einmal trifft Klein Erna ihre alte Freundin
Maata. Die ischa schon viele Schahre mit'n
Archäologen verheiratet. Fracht Klein Erna:
„Sach ma, Maata, mit so'n Archäologen, is dat
nich'n büschen langweilig?" „Nee, ganz im
Gegentum", sacht Maata, „je älter ich werde,
desto mehr interessiert er sich für mir."

Anner Litfasssäule

Is Wahlkampf in Hamburch. Klein Erna un ihr
Heini stehn vor'ner Litfasssäule un betrachten
ein großes Plakat: „Keiner darf hungern und
frieren!", steht da drauf. „Kuck ma, Heini",
sacht Klein Erna, „nich ma dat darfste!"

Bein Anwalt

Klein Erna issas Leben aufe Dauer mit ihrn Heini zu langweilich. Sie geht also nach´n Anwalt un sacht: „Ich will mir scheiden lassen!" „So, un wat wollen Sie für einen Grund angeben?" „Grund? Wieso?" „Na, ich mein, wat haben Sie an ihm auszusetzen?" „Ach, wenn ich so über nachdenk, isser einfach nur zu döösbaddelich!" „Dat ist aber nu wirklich kein Scheidungsgrund. Fällt Ihnen nich noch etwas anderes ein? Trinkt er?" „Heini? Nee, eher kipp ich mir ein´!" „Schlägt er Sie?" „Heini? Nce, eher kleb ich ihm ein´!" „Hm, wat machen wir denn da? Ist er Ihnen treu? Es soll scha vorkommen, dass ein Mann Seitensprünge macht!" „Oha! Herr Anwalt, da ham wir ihn bei der Büx! Dat letzte Kind is nämlich nich von ihm!"

Silberhochzeit

Nach ihre Hochzeit, wie Klein Erna ihrn Heini geheirat hat un nu alle Gäste wech sind, da nimmt Heini Klein Erna auf´n Schoß un sacht: „Nu wolln wir uns aber auch jümmers schön treu sein, nich? Ich wünsch mich nur eins, dass wenn wir dermaleins Silberne Hochzeit ham un dass wir uns noch genausogern leiden mögen wie jetzt!" „Scha, Heini", sacht Klein Erna, „da bin ich auch für!" „Nu wolln wir uns aber noch eins versprechen, wenn wir doch ma´n klein Seitensprung machen, denn wolln wir schedesma´ne Erbse inne Sammeldose tun. Denn wolln ma sehn, wie viel da in is bei unsere Silberhochzeit!"

Gesacht, getan un fünfunzwanzig Schahre gehn vorbei. Un wie nu wedder alle Gäste von ihre Silberne Hochzeit wech sind, nimmt Heini seine Erna wedder auf´n Schoß un sacht: „Wie schön, mein Erna, dass wir uns nach so lange Zeit jümmers noch mögen, aber wie wa dat denn nu mit die Treue? Wolln doch ma sehn, wat wir inne Dosen ham?" Also ers schüttet Heini aus! Vier Erbsen kullern raus! „Tschä", sacht Klein Erna, „fünfunzwanzig Schahre sind ´ne lange Zeit, un denn nur viermal, ich will dir man verzeihn!" Un denn schüttet Klein Erna ihre Dose aus un da sind mi bloß zwei in!

„Oha", sacht Heini, „dat hätt ich scha nu nich von dich gedacht, aber weil du mir verziehn hass, will ich dat man auch tun!" Un wie sie sich nu grad so schön über ihre Treue freun, da sacht Heini: „So, Klein Erna, weil ich nu gesehn hab, wie großmütich du mich verziehn hass, will ich dir doch beichten: Ich hab man vorher schon'n paar beiseite geschafft!" „Un ich", sacht Klein Erna, „ich hab da gestern'ne Erbsensuppe von gekocht!"

Klein Erna
in Theoder

Faust

Klein Erna is mit Mamma in Theoder in Faust verabredet. Mamma kommt erst nach´n ersten Akt an un fracht ganz aus die Puste: „Wat war denn bis jetzt?" Sacht Klein Erna: „Och, bis jetzt is kein Sinn in!"

Shakespeare

Sacht Klein Erna zu ihre Mamma: „Neulich war ich inne Tragödie, hab scha schon vergessen, wie dat heißt. Nee, sowat von vielen Toten, wird man scha ganz rammdösich! Nächstes Mal nehm ich mir´n Bleistift mit, un denn streich ich schedesmal in Programm ein aus, wenn ein tot is."

Theatergeflüster

Sacht Mamma zu Klein Erna: „Morgen is ‚Fidelios Hochzeit´. Is scha sicher schön, ma wat Lustiges! So´n Schauspiel is mir aber lieber als´ne Oper, ich kann scha nie so recht verstehen, wat die Sänger sagen. Neulich in Lohengrin weiß ich noch jümmers nich, wat der Leutnant zu die Gans gesacht hat." Sacht Klein Erna: „Aber lebenswahr is dat Stück scha nu ma: die Männers wolln scha nie sagen, wie sie heißen!"

Dat Miliö

Neulich is Mamma ma wedder auf Abonnemang
mit Frau Reimers inne Oper: Wat von Puccini,
wo da auf son Schifferkahn einer umgebracht
wird. Un wie's aussieht, fracht Frau Reimers:
„Na, wie fanden Sie's denn, ich fand dat ganz
schön!" „Sie meinen wohl den Gesang", sacht
Mamma, „aber dat Miliö weniger!"

Die Tragödie

Sacht Klein Erna zu Heini sein Freund Jasper:
„Gestern war ich in Thalja. Wär ,Faust', dacht
ich. Also 'n Trauerstück, un da zieh ich mir or-
dentlich 'ne bedeckte Bluse an un geh hin: Wat
is?'N Luststück!"

Tristan un Isolde

Sacht Klein Erna zu Frau Mackeprang wäh-
rend die Pause inne Oper:
„Ich weiss scha nich, wat der Tristan an diese
Isolde findet, die hat scha auch gaanich'n büschen wat Munteres!"

In Konzert

Mamma wird scha auch langsam schwerhörig, aber neulich war sie noch mit Klein Erna in Konzert inne Musikhalle. Gerade wie es so schön is, bei so´ne ganz leise Stelle, sacht Mamma dann ganz laut: „Spiel´n die noch, oder is es man piano?"

Goethe

Mamma un Klein Erna haben Theoderabend: Schon wedder „Faust"! Der Vorhang geht auf. Sacht Faust: „Da steh´ ich nun, ich armer Tor und bin so klug als wie zuvor." Flüstert Klein Erna Mamma ins Ohr: „Igitt, Verse!"

In Thalja

Fracht Klein Erna ihre Nachbarin in Theoder: „Sind Sie auch in Thalja-Theater abonniert?" „Seit Schahrenden! Kuck schon gor nich mehr hin!"

Abonnemang

Sacht Klein Erna zu Frau Reimers: „Ich war scha gestern wedder in Theoder." „Zu´n Vergnügen?" „Nee, Abonnemang!"

Kulturerlebnis

Heini un sein Freund Hinnack gönn sich ma wat un gehn ins Thalja. Da wird den Besuchern an der Garderobe ein Opernglas leihweise angeboten. Heini hat sich vorsorglich ein Buddel Köm eingesteckt, damit er mit Hinnack den Theaterabend so richtich genießen kann. „Wünschen die Herren ein Glas?", fracht die Garderobenfrau. „Och nee, dat is nich nötich", sacht Heini, „wir trinken ausse Buddel."

Lohengrin

Wie Klein Erna ma mit ihre Freundin Maata in Theater will, gehn sie denn auch zusamm anne Kasse un fragen: „Wat gibtas denn heute?" „Was ihr wollt." „Och", sacht Klein Erna, „denn spieln Sie man Lohngrin!"

Inne Oper

Sacht Klein Erna zu Frau Peemöller: „Wa neulich inne Oper!" „Dascha gediegen! War's gut?" „Ganz spannend, sach ich!" „Ach wat, un die Musik?" „Musik? Happich gor nix von gehört!"

Akustik

Sacht Klein Erna in Ohnsorgtheoder zu Heini:
„Hier ischa ´ne ganz schlechte Akustik!" „Oha,
wo du dat schetz sachst, riech ich dat auch!"

Koloratur!

Klein Erna is mit ihrn Heini in Konzert. Be-
liebte Opern-Arien mit´ne elegante Soprani-
stin. Heini is ganz hingerissen un flüstert Klein
Erna zu: „Wat hat die bloß für´ne härliche Ko-
loratur!" Sacht Klein Erna ganz fünsch: „Ach-
te lieber auf den Gesang!"

Kritik

Neulich is Mamma Puvogel in´ne Tragödie
gewesen. An nächsten Tach sacht sie zu Frau
Mackeprang bein Kaffeklatsch: „Wa ich gestern in Theoder, nee, so wat, nur Mord un Tod-
schlach! Da lob ich mich aber die Operette. Da
kricht an Ende der Tenor jümmers die Sopra-
nistin."

In Thaljatheoder

Klein Erna is mit Mamma in Thaljatheoder un inne Pause gehn sie da in Gang spazian un sehn da mittemang'n Foto vonne Schauspielerin, die sie ehm gesehen ham. Da sacht Mamma: „'Ne Schönheit isse scha gerade nich!" Sacht Klein Erna: „Tscha, aber bein Spieln holt sie auf!"

Abonnemang-Abend

In Thaljatheoder is Abonnemang-Abend.'N ganz neues Stück, so modern, aber kommt nich an! Bein Rausgehen sacht dann Klein Erna zu ihre Freundin Mia: „Na? Wie fandest's? Furchtbaares Stück, nich?" „Och, lass man, ham schon hässlichere Abende gehabt!"

Tristans Tod

Klein Erna un Mamma sind in ‚Tristan', un wie der nu gor nich sterben will, da sacht Mamma zu Klein Erna: „Du, pass auf, ich glaub, der kömmt sich wedder."

Musik

Neulich war Mamma mit Frau Mackeprang ma wedder inne Oper, in Lohengrin, ganz vorne in die dritte Reihe. Mitten in Vorspiel kricht Frau Mackeprang mittenmang ihrn Strickstrumpf raus un fängt an zu stricken. „Gott, Frau Mackeprang", sacht Mamma, „Sie stricken inne Oper?" „Och", sacht Frau Mackeprang, „dat büschen Musik da vorne stört mich gor nich!"

Schön singen

Sacht Klein Erna zu Mamma inne Oper: „Dascha doch schade, dass sonne Oper jümmers inne Tragödie endet!" Sacht Mamma: „Och, ich lieb dat, wenn die Leute mit´n Messer in Rücken schön singen."

Dütt un Dat

'N klein Tapeziernagel

Klein Erna ihrn Opa ischa nu tot geblieben. Un wie Mamma ihn aufbahrt, will sie ihn auch sein kleines Käppi aufsetzen, damit er auch so aussieht wie in Leben. Un sie fummelt un fummelt, aber dat kleine Käppi rutscht jümmers wedder runter von die Glatze. Da kömmt denn endlich der Herr von „Pietät un Takt"! Un da sacht Mamma denn zu ihn: „Ach, Herr Pietät un Takt, dat kleine Käppi will un will nich sitzen!" Sacht Herr Pietät un Takt: „Dat ham wir gleich, lassen Sie mir ma´n Augenblick mit die Leiche allein!"

Un bald holt er Mamma wedder rein un sacht: „So, fertich!" Un richtig, Opa hat dat kleine Käppi auf, akkurat wie in Leben! Mamma ischa ganz platt un sacht: „Ach, Herr Pietät un Takt, wie haben Sie dat bloß gemacht?" „Dat will ich Sie gern verraten:´n klein Tapeziernagel!"

Is nu Blumenstraße?!

Mamma Puvogel steigt ma in Linie 28 un sacht zun Schaffner: „Einmal Blumenstraße!" Schon bei der ersten Haltestelle fracht sie: „Is hier schon Blumenstraße?!" „Nein, noch nich", sacht der Schaffner. Nach zwei Haltestellen weiter fracht Mamma wedder: „Is nu Blumenstraße?!", und fracht denn mindestens noch zehnmal!

Schließlich, nach ´ne halbe Stunde, schreit der Schaffner endlich: „So, hier is Blumenstraße!" Da sacht Mamma: „Nee, nu will ich nich mehr!"

Onkel Pauls Hose

Wie Onkel Paul schon ´ne ganze Zeit tot is, da kömmt ma bei Tante Frieda so´n Mann an die Tür, der altes Zeug aufkäuft, un fracht Tante Frieda, ob sie wohl´n Anzug zu verkaufen hätte. „´N Anzug nich", sacht Tante Frieda, aber die Jacke wollte sie ihm verkaufen, für fünf Maak! „Scha, warum woll´n Sie mir die Hose denn nich verkaufen?", fracht der Mann. „Nee, zu die Hose bin ich noch zu traurich zu!"

Sechsmonatskind

Ischa´ne traurige Sache, nu is Tante Bertha auch zu die Seligen ins ewige Reich dahingegangen. Neunundsiebzich isse man geworden! An Grab sacht Onkel Hannes, ihr Mann, zu´n Nachbaan: „Hab ich mia scha gleich gedacht, dass sie nich alt wird, war scha man ´n Sechsmonatskind un von Anfang an viel zu zaat!"

Die Toilettenfrau

Wie Klein Ernas Mamma ma´n ganzen Tag mit Frau Mackeprang zu´n Ausverkauf in Stadt war, da mussten sie scha auch ma ganz nötig. Natürlich alles besetzt! Wie denn schließlich ein frei wird, kommt erst Mamma rein, weil sie dascha am eiligsten hatte. Un wie die nu fertig is, will gleich Frau Mackeprang reinstürzen. Da fracht die Toilettenfrau: „Soll ich wohl nochma überwischen, oder sind die Damen verwandt?"

Großreinemachen

Erzählt Frau Peemöller Mamma von ihrn Großreinemachen: „Wie ich neulich grad bein Feudeln bin, muss ich scha, sonst liegt mich dat jümmers wie Staub auf die Brust, un ich grad auf die Knie lieg, da klingelt dat. Fiete, sach ich, dat klingelt! Meinen Sie, der rührt sich? Ich sach: Fiete, sach ich, dat hat geklingelt, der kuckt mich bloß an un sacht, wissen Sie, wat der sacht, gor nix sacht der! Nee, wissense, sowat nagt an Körper!"

'Ne Dame

„Ich versteh dat gor nich von Frau Puvogel, wie die ihre Erna jümmers mit ins Kino schleppt!", sacht Frau Peemöller entrüstet zu Frau Mackeprang. „Un denn zieht sie ihr noch dazu wie'ne Dame an, wat soll ich Ihnen sagen, neulich warn sie wedder in Kino, un wie die so in Gedränge rausgehen, da fasst doch irgend so'n Kerl Klein Erna ma kräftig an ihr Hinterteil!" Sacht Frau Mackeprang: „Denn soll sie sich auch nich wundern: Wenn sie ihr als Dame anzieht, wird sie auch als Dame behandelt!"

Die Bestellung

Schreibt Mamma Puvogel´ne Bestellung:

Werte Firma! Heut bitt ich Sie, mir eine Kiste von Ihre geschätzte Margarine, wie gehabt, zu senden. Is aber brandeilig! Frau Puvogel

P.S. Soeben merke ich, ich habe noch welche, schicken Sie mir also keine.

Frau Reimers

Ein Tach geht Frau Puvogel mit Klein Erna auf´n Grossen Burstah, un da, mittenmang steht da ihre Nachbarin Frau Reimers ganz aufgeregt vor ihnen! „Wat is denn los, Frau Reimers", fracht Mamma, „wohl Ärger gehabt?" „Ärger?", sacht die, „Ärger is gaa kein Ausdruck, fixen Ärger hatt´ ich! War ich in Rathaus, weil ich um ersuchen will, dass ich mehr Unterstützung brauch, Zimmer 139. Nee, wat dat für Beamte gibt, mach ich ihn klar, dass ich seit acht Schahre´ne aame Witwe bin un meine klein Kinners von sechs un fünf un drei Schahre ernährn muss, wat mein Sie, wat der Kerl da sacht? ‚Ich denke Sie sind Witwe, Frau Reimers! Ihr Mann is doch schon seit acht Schahren tot!' Pah, sachich, der is tot, schawohl, aber ich lebe doch noch!"

'N Bierwogen

Neulich in Blankenese, da steht da so´n Bier-
wogen an Kantstein bei´ne Kneipe vor Tür. Da
kommt Klein Erna mit´n klein süßen Hund an
die Leine, der sich ans Rad stellt und sein Bein
hochhebt.

In den Momang kommt der Mann mit´n Bier-
kasten auf der Schulter un will an ihn vorbei,
da ruft Klein Erna: „Komm, Pussi, geh da
wech, der Mann will nach sein Bier!" Sacht
der Bierkutscher: „Ach lassen Sie Ihren Pussi
man fertigmachen, ich hab scha wat über für
Hunde!"

„Dascha schön, sin Sie auch so tierlieb?"
„Scha", sacht der Mann, „hab auch´n Hund!"
„Ach, finden Sie nich auch, Hunde sind scha
meist viel netter als Menschen! Wat mein´
Sie, wie mein Pussi sich freut, wenn ich nach
Haus komm un ihn ma allein inne Wohnung
gelassen hab! Nee, sowat, wie der sich freut
un vor Begeisterung zappelt un dabei püschert
er jümmers vor lauter Freude so vor sich hin,
ham Sie dat schon ma bei ein Menschen gesehn? Ich nich!"

An Dammtor

Is´ Winter! Bitter kalt un windig dazu. An Dammtor auf´n zugigen Bahnsteig steht Klein Erna mit ´n Mann mit hochgeklappten Kragen, der friert. Zuch kommt un kommt nich. Der Mann is ganz in schwaaz, is von „Pietät un Takt", da fracht Klein Erna teilnahmsvoll: „Na, un wie gehts Geschäft?" „Och, man so la la, hat scha bislang noch nich viel gebracht, ham wir uns mehr von versprochen, die kalten Wochen mit den schaafen Ostwind. Aber is wie´s is!"

Nervös

Mamma trifft ma Tante Paula aufe Straße. „Wie geht´s denn?", fracht Tante Paula. „Och", sacht Mamma, „muscha, aber Pappa is so nevös, ich bin so nevös, un Klein Erna ischa auch schon so furchtbar nevös. Aber sach ma, Paula, wat is dat eigentlich: nevös?"

Ausverkauf

Trifft Mamma Frau Mackeprang un fracht, wie es denn so geht. Sacht Frau Mackeprang: „Tschä, soweit gut. Gestern war ich mit mein Mann beim Ausverkauf." „Un?", fracht Mamma, „Sind Se ihn losgeworden?"

Autokratie — Demokratie

Klein Ernas Pappa steht mit´n Arbeitskollegen
vorn Hafen an´n Stephansplatz un politisiert.
„Du", fracht der Kollege, „wat is eigntlich der
Unterschied zwischen Autokratie und Demokratie?" „Dat will ich dich wohl erklären!",
sacht Pappa, „Also, wenn wir beide hier stehn
tun un unser Chef fährt jetzt in´n Auto vorü-
ber. Wir grüßen un er legt bloß´n Finger an´n
Hut, dat is Autokratie!" „Aha, un Demokratie?" „Scha, pass auf: wenn du ihn nun´n an-
nermal siehst. Un dann hält er an, sacht: ‚Na,
wie gehts denn, mein Lieba? Habn Sie´n büschen Zeit?´ Un er nimmt dir mit nach Hause,
macht dir´n feines Abendbrot, lässt dir in sein
Wohnung schlaf´n, du kriegst morgens noch´n
Frühstück, un er gibt dich noch 50 Maak, dat
ist Demokratie!" „Un dat hast du alles erlebt?",
fracht der Arbeitskollege ungläubig. Nee, ich
nich, aber meine Tochter Klein Erna!"

Der Trauerfall

Bei Puvogels is Oma gestorben. Der Herr von „Pietät un Takt" kömmt un man berät, wann die Einäscherung stattfinden soll. Mamma schlägt Sonnabend vor. Sacht Herr Pietät un Takt: „Sonnamp? Nee, dat geht nich, Sonnamp ischa bloß´n halben Tach!" Er blättert in sein Buch un sacht schließlich: „Nee, Sonnamp is schwierich, aber ich kann scha ma sehn, ob wir die Leiche noch irgendwo zwischenschieben können!"

Die gute Idee

Jasper sacht zu sein Freund Heini: „Sach ma, Heini, kannst du mia nich ma´n Gefalln tun, wo ich doch so kinderlieb bin un ihr schon so viele Kinder habt un wir sind nu scho zehn Schahre verheirat un is jümmers noch kein Kind inne Wiege!" „Na, meinetwegen!", sacht Heini, „Weil du mein Freund bist, aber gern tu ich dat nich!"

Tscha, un nach ´ne Zeit kricht Jasper seine Frau Zwillinge. Wie nu die ganze Verwandschaft kömmt un Jasper gratuliert, sacht Heini: „Na, schließlich bin ich da doch Schuld an!" Sacht Jasper: „Wieso, die Idee stammt doch von mir!"

Bildung

Klein Erna ihrn Mann Heini trifft sein Freund Hannes. Fracht der: „Na Heini, wat machs du denn so?" „Ich werd schetz gebildet, bin scheden Freitachabend in Koasus für bessere Bildung!", sacht Heini. „Aha, un wat lerns du da?" „Wat von Bismaak." „Kenn ich, der von die Heringe?" „Nee, der war doch Reichskanzler, so wat wie Adenauer." „Ach so. Un wat noch?" „Von Leibnitz." „Ach, der von die Kekse?" „Nee du Dussel, dat wa doch´n Filosoof!" „Mensch, bis du gebildet, aber weißt du denn auch, wer Hans Kröger is?" „Nee, keine Ahnung!" „Dat is der, der scheden Freitachabend bei Deine Erna is!"

Lebensart

Klein Erna ihrn Heini un sein Freund Jasper stehn anne Alster. Da geht´ne ältere Dame vorbei. Jasper zieht ehrfürchtig seine Mütze. Is die Frau vorbei, sacht Jasper zu Heini: „Hast du die gesehen, du, der Frau schuld ich viel." „Is dat deine Mudder?" „Nee, meine Wirtin."

Hilfe

Is Winter in Hamburch, Glatteis in Hawestehude! Gehn da zwei feine alte Damen eingehakt un ganz vorsichtig spazieren! Mittenmang rutscht eine aus, schlägt hin un reißt die andere dabei mit um. Liegen sie da, mitten auf'n Mittelweg! Die eine kann sich wedder aufrappeln un steht wedder auf'n Füssen und sacht: „Meine Liebe, wenn ich dir schetz hochziehen will, fall ich wedder hin, is aber auch zu un zu glatt! Warte, ich hol Hilfe!" Da kommt Mamma Puvogel vorbei, sieht dat Unglück un sacht: „Oh, warten Sie, ich helfe Sie!" Als sie die alte Dame halb hoch hat, kömmt die Straßenbahn, da sacht sie: „Oh, da kömmt meine Linie 28!" Un legt die Dame wedder hin!

Erbschaften

Neulich trifft Heini sein Freund Jasper aufe Straße. Der macht'n ganz foachtba saures Gesicht. „Wat is denn mit dir passiat, Jasper?" „Ach weißt du Heini, vor acht Monate is doch mein Onkel Willi gestorbn."

„Hm, dascha natülich schade." „Happ ich doch fünfzichtausent Maak von geärpt!" „Wat, un denn machst du son Gesicht?" „Höa doch weiter zu! Vor vier Monate steabt mein

Tante Hertha un hinteläß mich zwanzichtausent Maak!"„Un denn machstu son Gesich?"
„Waat´s doch app! Vor zwei Monate steabt dann mein Opa, da happ ich zehntausent von gekricht!" „Mann Jasper, dat is doch prima! Nu versteh ich gor nix mehr! Eine Erbschaft nacha annern, un denn son Gesich?" „Tschä , aber seitdem is nix, du, wie appgeschnitten!"

Klare Rechnung

Klein Erna ihrn Heini sitz mit Hannes, der jümmers´n büschen dusselig is, anne Theke. Heini wundert sich nu, dass der Hannes schon ein Vierteljahr nache Hochzeit mit seine Frau, einen strammen Sohn gekricht hat. Heini kann sich dat nich verkneifen un sacht zu Hannes, wie dat mit dem Schung denn angehn kann, wo er doch seine Frau erst drei Monate vor die Hochzeit kennengelernt hat. Hannes ischa nu erst ma´n büschen verwirrt un geht nachdenklich nach Hause. Am nächsten Tach is Heini wedder anner Theke un da steht Hannes un strahlt. „Heini", sacht er, „du warst da völlig auf´n falschen Dampfer. Meine Frau hat bloß gelacht, wie ich ihr dat gefracht hab. Kuck ma: Drei Monate kenn ich sie, drei Monate kennt sie mich, un drei Monate später war der Schung da. Passt doch alles."

Die Musterung

Klein Bubi ischa nu auch schon'n schunger Mann un kommt denn einen Tach zur Musterung hin. Fracht ihn der General: „Wo wollen Sie denn hin?"„Zur Marine", sacht Klein Bubi. „Können Sie schwimmen?" „Nee, wieso? Haben Sie denn keine Schiffe?"

Beruf

Mamma Puvogel trifft Frau Reimers bein Einkaufen: „Wie geht's denn so, Frau Reimers? „Ach muscha, die Görn waxn ein' bald übern Kopf un fix eigenwillich werdn die Schungs! Der Hannes, der will scha unbedink studian!"„Nu kuck! Un wat willer studian?"„Statistik!" „Na denn, Statisten werden scha jümmers gebraucht."

Die Rechnung

Klein Erna ihr Heini is Samstachabend inner Kneipe. Wie es denn spät wird un er schon'n paar Lütt un' Lütt hatt, lallt er: „Herr Ober, ich hab zu viel getrunken. Bringn Sie mir wat, damit ich schnell wedder nüchtern werd!" „Wird gemacht, mein Herr. Die Rechnung kommt sofort!"

Dat Geld

Einen Tach trifft Klein Erna Heinis Freund
Hannes an Bismarckdenkmal. Hannes sitzt in
die Sonne un hat neben sich aufe Bank all seine
Groschen un Markstücke fein geordnet. Fracht
ihn Klein Erna: „Mensch, Hannes, wat machst
du denn?" Sacht Hannes: „Och, ich wollt nur
ma sehn, wie dat is, wenn man sein Geld aufe
Bank liegen hat."

Höflichkeit

Pappa Puvogel sitzt inne Straßenbahn. Da
steigt eine Dame ein. Pappa, der scha´n höf-
licher Mann is, bietet ihr sein Platz an. Die
Dame kuckt ganz abfällig un sacht: „Nein,
danke. Ich sitze nicht gern auf einem ange-
wärmten Platz." Da wird Pappa ganz fünsch:
„Denn nich! Glauben Sie, ich lass mir Ihnen zu
Liebe´n Eisbeutel inne Hose nähen?"

Spendabel

Heini hat ma'nen richtich guten Tach un is in Spendierlaune. Er geht zu seine Klein Erna un sacht: „Du Klein Erna, sach mir ma die größte Lüge, die du in deinem Leben erzählt hast, ich geb dir fünf Mark dafür!" „Dat tut mir leid, Heini. Ich würd dat schöne Geld scha gern verdienen, aber ich hab in mein ganzen Leben noch keine einzige Lüge erzählt", sacht Klein Erna. Heini kramt in seiner Hosentasche. „Da hast du die fünf Mark!"

Inner Nacht

'N Fischgeschäft hat sich modern eingerichtet: dat ganze Schaufenster wird von son Bassin ausgefüllt. Da sind Karpfen un Forellen un all so wat, die sich da tummeln tun. Ein Abend kommen Heini un Klein Erna ausse Kneipe, beide nich' mehr nüchtern, un pressen die Nasen gegen die Scheibe. „Nu isses zu Ende!", murmelt Heini, „wir sind abgesoffen!"

Schopeng

Heini trifft sein Freund Jasper aufe Straße: „Na Jasper? Wat machst du denn so, dich sieht man scha gor nich mehr!" „Och, abens bin ich meis in'n Fortbildung-Koasus! So musikalisch" „Ach wat – wat machs denn da?" „Och – so alles mööchliche!" „Wat hast du zum Beispiel gestern Abend gemacht?" „Gestern Abend hab ich Schopeng gespielt!" „Ach nee, hast auch gewonn'?"

Überraschung

Klein Bubi ischa schon ganz groß un hat ma für'ne Reise angemustert un kommt nach Monaten wedder zurück nach Hamburch. Als dat Schiff nu festmacht, bemerkt er an Kai'ne Frau, die ihn freudig winkt. Doch Klein Bubi kann sich nu gor nich besinnen, wer dat sein könnte. Als er über die Gangway kommt, fällt ihn die Frau dann umen Hals. „Aber, mein lieber Klein Bubi, erkennst du denn dein' eigene Mudder nich mehr?"

Anne Theke

Normal is Pappa Puvogel inner Kneipe anne Theke jümmers wortkarg, wat Gefühle un so angeht. Doch ein Tach muss er wohl starke Gründe gehabt haben, als er nach langem Schweigen versonnen zu sein Freund Paul sacht: „Meine Frau, die is'n Engel." Darauf sacht Paul: „Meine lebt noch!"

Dahingerafft

War ma'ne furchtbare Seuche in Hamburch. Die Kolara! Un die Menschen wurden nur so dahingerafft. War scha schrecklich! Un Mamma un Pappa, Klein Erna un Klein Bubi wurden nu auch nich verschont un eines Tages sin sie leider alle tot geblieben. Na, die Nachbaan, die schrieben dat denn auch Tante Paula in Barmbek. Die kam nu auch gleich un stand da vor'n Rest, un von den büschen Geld, wat sie aus's Möblemang rausschlagen konnt, hat sie denn nur zwei ganze Särge kriegen können! Nu war dat Problem scha groß, wohin mit die Göhrn? Na, Tante Paula ischa kein dumme Frau! Klein Bubi kam zu Mamma mit rein un Klein Erna in Tüte oben auf!